まえがき

「言葉」で成り立つ思考があなたの現実をつくる

本書を手に取っていただき、ありがとうございます。

あなたは、**アファメーション**という自己変革の方法をご存知でしょうか。

この方法を発見したのは、コーチングの元祖である故ルー・タイスです。彼は、アファメーションを実践することによってビジネスを大成功させたばかりか、キャリア、財産形成、家庭生活、人間関係などあらゆる面で、豊かで素晴らしい人生を手に入れました。

同時に彼は、自らが見出した方法を世の中に広めることに熱中し、全世界で３３００万人の人生を、彼の人生と同じように素晴らしいものに変えてしまいました。

早い話が、ルー・タイスと同じ方法を実践しただけで、地球上の３３００万人もの人々が仕事やビジネスで成功し、富を築き、周りの人々の尊敬を集め、幸せな家庭を築き、豊かな人生を送っているのです。

アファメーションとは、簡単にいえば、あるルールにもとづいてつくった言葉を自らに語りかけることです。

たったそれだけのことで人生をバラ色に変えることができると聞いても、あなたはにわかには信用しないかもしれません。言葉を唱えるだけで人生が変わるとすれば、まるでファンタジーの世界のお話でしょう、と。

しかし、考えてみてください。**私たちの思考は、すべて言葉で成り立っています。**

もちろん、イメージを使って考えることもありますが、そのイメージの元をたどっていくと、それらはすべて自分や対象を規定する言葉に行き当たります。

たとえば、初日の出を見て「きれいだなあ」と感じるのは、その昔に「ほら、ごらん。きれいでしょう」と誰かに初日の出を見ながら教えられ、あなたがその言葉を受け入れたから、そう思っている可能性があります。

面白いもので、「人間は自分には自分だけの考えや主張がある」というように考えていますが、本当はそうではありません。感情だけでなく、考え方や判断、評価基準など、ありとあらゆることを他人に教えられ、その言葉を受け入れたことによって、〝その人〟ができあがっているのです。

このように**私たちが行う選択と行動は、その人がどんな言葉を受け入れているかによって決まってしまいます。**

「自分は能力のない人間だ」という言葉を受け入れている人は、能力のない人間の選択と行動をとるし、逆に「自分は能力のある人間だ」という言葉を受け入れている人は、能力ある人間にふさわしい選択と行動をとります。

このことは、学業などの自らの努力だけで解決できる範囲にとどまりません。たとえば、「私はお金持ちになれる」という言葉を受け入れている人は、見事にお金持ちになっていきます。また、「美しい女性（あるいは、ハンサムな男性）と結婚するぞ」と思っている人は、自らの美醜にまったく関係なしに、美しい女性（ハンサムな男性）と結婚します。「え?」と驚くような人がたいそうなお金持ちになったり、とびきりの美人（ハンサム）と結婚したりする例は、身の周りにいくらでも見ることができます。

それができないのは、その人が単に、「高望みをしてはいけない」とか「自分には無理だ」という言葉を受け入れているからです。「自分にはできない」と思って、自らを制限しているわけですから、できなくて当然です。

素晴らしい人生を手に入れたいなら、「自分にはできる」と心の底から確信することがとても重要です。「自分にはできる」という言葉を受け入れるのです。

アファメーションは、「自分にはできない」を「自分にはできる」に変える、自己改造の方法です。これを身につけると、脳が「自分にはできる」という言葉を受け入れて、あなたを素晴らしい人生へと導いてくれるようになります。

自動的にゴールを達成するアファメーションの効力

アファメーションを実践することによって、あなたが最初に感じることのできる効果は2つあります。

ひとつは、**自らを縛り、制限している言葉から自分を解放することができた**という実感です。そして、もうひとつは、**これまで「できない」と考えてきたことに、自分がごく自然に積極的に取り組めるようになった**という実感でしょう。

アファメーションのルールにのっとった言葉を自分に語りかけると、これまでの自己イメージはすぐに変わっていきます。ルー・タイスと私は、人生の成功を手に入れることを「人生のゴールを達成する」といっていますが、これはその第一歩です。

また、アファメーションによって人生のゴールを自分に刷り込んでいけば、「**目的的志向**」が働くようになります。目的的志向については本文で詳しく述べますが、「これをやろう」と強く意識して力を注がなくても、自動的にゴールを達成するよう自分を導いてくれる「**無意識の働き**」のことです。

「やらなければいけない」という意識が働いているうちは、やることなすことのすべてに骨の折れる努力が必要です。ところが、取り組むことに対して「楽しくてしかたがない」という自分の状態をつくりだせば、やることなすことのすべては「ハッピー」なことに変わり、疲れたり飽きたりということがありません。

たとえば、インターネットでいろいろな情報を調べるのが好きな人は、毎日、朝から晩までパソコンにかじりついていても、疲れないし、楽しくてしかたがありません。俗に「インターネット中毒」と評されますが、それは中毒なのではなく「ハッピー」なのです。人生のゴールを達成するなら、これと同じ「ハッピー」な状態で物事に取り組めるようにしてやることが肝心です。

あなたの周りにも一人や二人は必ず例が見つかると思いますが、目的的志向が働いている人間は、「ハッピーだなあ」と感じて取り組んでいるうちに、ふと気づくと大きな仕事を成し遂げているものです。「目標は◎◎になることです」と意識していなくても、ちゃんと目標どおりの成果を上げ、高い評価を受けるように成長していきます。

アファメーションの使い方を身につければ、このような人たち以上に成果を上げ、高い評価を受けられるようになるのはもちろん、彼らよりももっと大きなゴールを達成することができるようになります。

その意味で、**アファメーションは、目的的志向を働かせ、自動的に人生のゴールを達成するための方法**ということもできるでしょう。

ここで、本書の構成をざっと紹介しておきましょう。

1章では、最初に**人生の成功とは何か**ということを考えていきます。

人は、大なり小なり、人生の目標を持っています。その実現を願わない人は、一人もいないでしょう。にもかかわらず、多くの人は願いをかなえることなく、人生をいたずらに費やしてしまいます。

なぜなのでしょうか？

理由は、ほとんどの人が**「他人から吹き込まれた目標」を自分ほんらいの人生の目標だと思い込んでいる**からです。こういう自分になりたいという願いが心の底から尽きずあふれなければ、心から満足のゆく目標の達成ができるはずはありません。たとえ社会的な成功を手に入れたと評される人でも、じっさいは他人から聞いた目標を実現したにすぎず、本心では自らに幸福を感じていない人がほとんどだといえます。

あなたが人生の成功と本当の幸せを望むなら、心の底からこうなりたいと思う人生の目標を見つけださなくてはなりません。とても難しいことだと思うかもしれませんが、コツを体得すれば、これは意外に簡単なことです。

本当の人生の目標（ルーと私は「**人生のゴール**」と呼んでいます）を見つけるためのカギは、やはり**あなたが使う言葉**に隠されています。1章では、**人生のゴールを設定するさいに重要な言葉の働き**を学んでいきます。

2章では、**人間にとって言葉がいかに重要か**を見ていきます。

言葉は単なるコミュニケーションの手段ではなく、宇宙そのものです。私たちは、言葉によって目の前にある物事を認識し、何が起こっているか解釈します。「仕事とはこういうものだ」「社会とはこういうものだ」「人間とはこういうものだ」と、あなたが信じている現実も、すべてあなたが受け入れた言葉によって成り立っています。

言葉を変えれば、満足のいかない現実や、あなたが信じて疑わない自分に対する呪縛は、いともたやすく変えたり、ほどいたりすることができます。

人生のゴールを達成するには、これまで自分を縛ってきた言葉とブリーフ（信念）を壊す方法を、よく理解することが大切です。

3章では、**自己イメージを変える方法**を学びます。

誰もが「自分はこういう人間だ」という自己イメージを持っています。そして、その自己イメージにしたがって選択と行動を行うことを習慣にしています。

もちろん、自己イメージどおりの自分でいることは、心地よいことです。自然にふるまえるし、落ち着いて物事を考えることができます。だから、私たちはそうした自己イメージをつねに保持しようとします。

しかし、昨日までの人生に満足していないならば、自己イメージを変えなければなりません。**これまでの自己イメージを保持したまま明日を生きようとすれば、いつまでたっても昨日までと同じ人生がくり返されるだけです。**これまでの人生は、昨日までの自己イメージがつくったものなのです。

自己イメージが変われば、思考も態度も変わり、あらゆる点でこれまでとは違う結果が出てきます。

自己イメージを変えるのは、要領さえわかれば、とても簡単なことです。

3章では、その要領とコツを紹介していきます。

4章では、**目的的志向とその上手な働かせ方**を紹介していきます。

すでに述べたように、目的的志向は、意識ではなく無意識の働きです。無意識を働かせるというと、何かとてつもなく難しいことのように思うでしょうが、けっしてそうではありません。

私たちの脳は、単純化すればコンピュータと同じく情報処理装置です。情報処理装置でありながら、そのときの脳の情報状態によって心の動きを生み出しています。その心の動きをコントロールしているのは、過去の記憶であり、その記憶にくっついているイメージと情動です。

脳に人生のゴールを刷り込む（いわばプログラミングする）ときにも、イメージと情動を使います。それらを使って、いまの自分に「人生のゴールをすでに達成した」という未来の記憶を埋め込んでやるのです。**未来の記憶に強烈なリアリティを与えることができれば、あなたは自動的にその記憶が現実になるように行動していきます。**

4章では、その方法と、そのさいに必要な原則を学んでいきます。

5章では、**アファメーションの具体的なやり方**を紹介していきます。

アファメーションは、言葉を自分に語りかけるだけでも大きな効果がありますが、目的的志向を働かせて遠大な人生のゴールを達成するためには、さらに強烈な方法を採用する必要があります。それは、言葉だけでなく、イメージと情動を使い、ゴールを達成したときの自らの姿を、脳に強くリアルに感じさせてやる方法です。

ルー・タイスは、それを**I（想像力）×V（臨場感）＝R（現実）の法則**と呼びました。

5章では、この法則を学ぶとともに、アファメーションのつくり方のルールを紹介していきます。

本書が示すアファメーションの全体像がわかれば、あなたは明日からでも、人生のゴールを達成する大きな一歩を踏み出せるはずです。

＊＊＊＊＊

最後になりましたが、ルー・タイスには『アファメーション』（フォレスト出版）という、そのものずばりの名著があります。日本語版を世に問うに当たり、私が監訳を引き受けています。

含蓄の深いルーの思想と方法論を学ぶにはうってつけの本ですが、大著ゆえのことか、「アファメーションを手軽に学べるハンディな本を」という強い要望が読者から多く寄せられることにもなりました。そこで私は、認知科学の知見を交えながら、TPIE（タイス・プリンシプル・イン・エクセレンス＝ルーと私が開発した最新のコーチングプログラム）に則した形で簡潔にアファメーションを解説することを思い立ち、本書の執筆にとりかかりました。

この本が、あなたの人生を変え、成功をつかむための、よき伴侶になることを願ってやみません。

ルー・タイスの『アファメーション』にまだ目を通していない方は、ぜひ併せて読むことをお勧めしておきます。いっそう深い理解に達することはもちろん、言葉ひとつで人生が変わることを発見した彼の驚きと情熱が人肌のような温かさをもって伝わり、長く強く心に残ることは請け合いです。

残念ながら、彼は2012年に日本から帰国して間もなく、76年にわたる人生の幕を閉じました。本書を、故ルー・タイスに捧げます。

苫米地英人

第1章 人生の「ゴール」を設定する

第2章

あなたの人生を一変させる「言葉の法則」

第3章

自己イメージとブリーフシステムを変える方法

第4章 ゴールを脳にプログラミングする技術

第5章 あなたをゴールへ導くメカニズム

第1章

人生の「ゴール」を設定する

これまでの成功法則が間違っている点

人生の成功を手に入れるにはどうしたらよいのでしょうか？

その答えは簡単です。

いまあなたが当たり前のように浸っている、退屈で変化に乏しく、心の休まる暇のないほど騒々しい「現状」から抜け出すことが、一番の早道なのです。


現状から抜け出す？

そんなことができるだろうか？

現状から抜け出しただけでバラ色に変わるほど、人生は甘くないのではないか？

あなたはきっと、そのような疑いを持ちながら、いま本書を読み始めたのではないでしょうか。人生を変えるために、数々の自己啓発の方法を学んできた人であれば、なおさらそう感じるに違いありません。

いま世の中に広まっている成功法則は、人生を成功させるためには何よりも最初に「目標を明確にせよ」「自分の使命（ミッション）を持て」と教えています。もちろん、目標と使命をはっきりと持つことができれば、それはそれなりに目標達成のための大きな力になることは間違いのないことです。

しかし、自らの目標と使命をはっきりさせることは、口で言うほどたやすくはありません。たとえば、「起業して大金持ちになる」あるいは「年収を1億円にする」という明確な目標を持ったとしても、抽象度の低いそうした目標はなかなか大きなビジョンには結びついてくれません。その結果、明確にしたはずの目標が、むしろ「理想的な現状」として、その人をいまの「現状」にますます強く結びつけている例を、私はいくつも知っています。

こうした成功法則は、入口から、どこか大きく間違っています。

つまり、**不満足な現状から抜け出し、将来にあるべき新しい現状に向かって進んでいかなければならないときに、目標や使命の明確化がかえってその邪魔をしてしまう**のです。

コーチングの元祖、故ルー・タイスとともに私が実践してきたTPIE（タイス・プリンシプル・イン・エクセレンス）は、世界中で3300万人が実践し、多くの成功者を生み出してきたコーチングプログラムの最新バージョンです。

そのTPIEでは、**「目標を明確にせよ」とか「自分の使命を持て」とは教えません。**

「成功」と「人生のゴール」の明確な違い

ルー・タイスは存命中、コーチングをほどこす相手に対して、「人生の成功」という言葉をほとんど使いませんでした。「成功」という言葉には、必ず他者からの評価という視点があります。他人から「あの人は成功者だ」と評価されて、初めて「自分は成功者だ」と胸を張れるというわけです。

ルーは、**他人からの評価には何ら意味がない**ことを、とてもよく知っていました。

功なり名を遂げてどんなに世間から高く評価されたとしても、本人が自らに対して心から満足することがなければ、それはけっして幸せな人といえません。成し遂げたことに心から満足できなければ、本人は成功したと感じられないわけです。

ルーと私は、成功という言葉を使わず、**「人生のゴールを達成する」**といっています。ゴールを達成すれば世間的には当然「成功者」とみなされるでしょう。しかし、重要なことは、他人の評価ではなく、本人が心から満足できるかどうかです。そこで、他人の評価が入り込む余地をなくす意図を込めて、こうした表現を使っているわけです。

TPIEでいう「人生のゴール」は、自己啓発系の人々が教える「目標を明確にせよ」の「目標」の本来あるべき姿ということができます。

彼らとの違いは何かといえば、ルーと私は「**人生のゴールは漠然としたものでかまわない**」と教えている点です。

なぜ明確にしなくていいのか、あなたは疑問を持つでしょう。一般の自己啓発によくあるのは、目標をはっきりさせるから目標達成の方法がわかり、目標を実現することができるのだ、という考え方です。その思考法でいけば、そもそも明確にすることができないような目標を実現できるはずがない、という結論が出てもおかしくはありません。

しかしながら、ルー・タイスが自ら実践し、また指導してきたコーチングプログラムから見れば、こうした自己啓発系の考え方は致命的な間違いを犯しているといわなくてはなりません。また、ゴールは現状の延長線上では決して達成できないものでなければなりません。つまりゴールは、現状の外側に設定せねばなりません。

ゴールが「理想的な現状」であってはならない理由

目標は明確でなくていいという理由は追い追い詳しく述べていきますが、要点だけちょっと触れておきましょう。

それは、**いま明確にすることのできる目標はいまの現状の中にある目標である、**という点です。ルーと私は、これを「理想的な現状」と呼んでいます。

いまの現状で思いつく目標は、たいていの場合、本人にとっての「理想的な現状」にすぎないといえます。

たとえば、「いま勤めている会社で能力を認められ、社長に登りつめたい」という目標があるときの「社長」は、あくまで現状を積み重ねた延長線の先にすでに見えている目標です。

そのためにビジネススクールに行ったり、スキルアップのために特別な勉強をしたり、これまでとは違った新たな努力はそれなりに必要です。しかし、目標達成のために行うそれらの選択と行動は、本質的にはいま日々行っている努力と何ら変わりません。**現状にとどまったまま捉えることのできる理想的な現状を目標にしているかぎり、どんな試みも現状を肯定し、維持するための手段になってしまうのです。**

現状を維持することによって将来に実現できることは、そのすべてが「理想的な現状」です。たとえ将来に、こうした理想的な現状が実現したとしても、そのときに本当に心の底から満足できる人生だったと感じることのできる人は、まずいないのではないでしょうか。

人間はすべて、本来的に現状に不満を持っています。なぜかといえば、本当に自分がやりたいことをできていないはずだからです。

人間が本当に心からやりたいことというのは、多くの場合、少年や青年時代の体験に根差しています。そのころに体験したわくわくすること、爽快感あふれること、ハッピーでたまらなかったことなどのなかに、社会人になってからも本当にやりたいことの正体は隠されているものです。

もちろん、抽象度の上がった思考を身につけ、かつて一度も体験したことのなかったことをゴールにできる人もいます。

逆に、組織における出世そのものにわくわくし、生きるエネルギーが湧くのを感じ、それがハッピーでたまらないという人に、私は出会ったためしがありません。むしろ、出世だけを望んできた人は、その理想的な現状が実現しても、いつも不安であったり保身に汲々としていたり、現状への不満を否応なく持ちつづける運命にあるといえます。

ゴールは現状の外側に設定する

たとえば、家族全員が豊かに安穏と何不自由なく暮らす未来、地域のリーダーとして社会全体をよりよく前進させていく仕事にいそしんでいる未来、あるいは、世界が直面する問題の解決のために指導者たちを糾合する役割を担っている未来。

人生のゴールとして望むべき未来というのは、このようなものではないでしょうか。ルー・タイス自身、コーチングの考え方を広めることで、南アフリカのアパルトヘイト問題やアイルランド紛争を解決する仕事に取り組みました。じっさい彼は、世界中の人々が等しく人生のゴールを達成し、その喜びを共有する世界の実現を人生のゴールの一つにしていました。

このような壮大なゴールは、「社長になる」という目標とは、まったく異なる次元の抽象度を持っています。かりに、そのために社長になることが必要だったとしても、それは**ゴール達成の一手段**にすぎません。

ルー・タイスは、こうした人生のゴールを「**現状の外側にあるゴール**」といい、「**人生のゴールは、現状の外側に設定しなさい**」と教えました。

「現状の外側にあるゴール」とは、いったいどういうことでしょうか？

つまり、簡単にいえば、**いまの自分とはかけ離れ、いまの仕事や環境では考えつかないような突飛なゴール**のことです。

社長になるだけでもたいへんなのに、果たしてそんなにかけ離れた人生のゴールを達成することができるだろうか……。

あなたは、そう考えるでしょうか。

当たり前に浮かぶはずのこうした疑問も、ルー・タイスなら一笑に付すに違いありません。

じつは、この考えは、まったく逆なのです。

いまの現状からかけ離れた人生のゴール、つまり**現状の延長線上にはない突飛なゴールだからこそ、逆に私たちはそれを１００％実現することができるのです。**

社長になれるかどうかは確率の問題であり、従業員の多い大企業に勤めていればその確率はかなり低く、１００％といえるはずもありません。ところが、**現状からかけ離れた、とんでもないゴールは、それを本心から強く望んでさえいれば、必ず実現する**ことになります。

そのひとつの証拠が、自らを称して「一介の冴えない高校教師」にすぎなかったというルー・タイスが、世界的な実績を持つコーチングの第一人者になり、各国の要人や大企業のトップに頼られる存在になったことです。彼が大きな役割を持つ人物になりえた理由に、これといった秘密はありません。彼は、ひたすら遠くにあるゴールを強く思い浮かべ、その実現を心から望んだだけなのです。

この点についても、世間は、ルー・タイスにもともと人一倍の能力が備わっていたから、大きな成功を手に入れることができたと見なすでしょう。

ところが、この因果関係も、じつはまったくの逆さまです。ルー自身がさまざまな著作で述べているように、彼は自らそうなりたいと強く望んだがゆえに、その実現に必要な能力を自然に獲得していきました。**強い望みが先にあり、それが必要な能力の獲得という結果をもたらした**というわけです。

「望めば叶う」と、彼はいいました。なぜ、そんなことが可能になるのか。そのカラクリを、私は本書であなたに伝えていこうと思います。

言葉のメカニズムを解明したアファメーション

ルー・タイスの重要な著作のひとつに、『アファメーション』（フォレスト出版）という本があります。**アファメーションというのは、簡単にいえば、自分で自分に語り聞かせる言葉のことです。**

これは、ルー・タイスが提示する方法論の中で、人生のゴールを達成するためのコアとなる技術です。人間が自分の望みを実現する原理を突きつめて考えていくと、アファメーションを自分に言い聞かせていくだけで人生のゴールを達成してしまう、とさえいうことができます。

ルーは、『アファメーション』の中で、そこに働くゴール実現メカニズムを解明しています。ただ、その説明原理は、私がルーとともに彼のコーチングプログラムを再構築する以前の一世代前の心理パラダイムをベースとしたものになっています。いまあらためて読み返してみると、もう少し現代脳科学的な視点からの補足や説明を加えたほうが、さらに多くの人々によりよくルーのゴール実現メカニズムを学んでもらえただろうと感じました。

『アファメーション』は、ルー・タイスが彼のプリンシプルを余すところなく伝えようとした、それほどコアな力作です。この名著にもう一度スポットを当てるためにも、私が認知科学者としての知見に基づいて、その入門編として成り立つような書物を著わす意義がありそうだと考えたわけです。

言葉というのは、じつに不思議な力を持っています。

どんな言葉を使うか。その使い方ひとつで、その人の人生は決まってしまいます。

言葉がいかにその人に強い影響を与えるかについて記された本は、たとえばひところはやった「魔法のつぶやき」などのように、世の中にはいくつもあります。しかし、なぜそれが人生に大きな影響を与えるのか、残念ながら、そのメカニズムを明快に解

ルー・タイス Lou Tice（1935-2012）

心理学者。米国自己啓発界、能力開発の世界的権威。

コーチングの創始者。

1935年アメリカ・ワシントン州生まれ。

シアトル大学卒業後、ワシントン大学で教育学精神衛生科学の修士号を取得。

シアトルの高校教師を経て、ダイアン夫人と共に、人間が成功するための心の仕組みを研究する。教育プログラムIIEを開発後、71年にTPI（The Pacific Institute）を設立（現在は米国ワシントン州シアトル市に本部を置き、世界56カ国で毎年200万人を超える人々が、そのプログラムを受講している国際的な教育機関）。

フォーチュン500社の約62%にのぼる企業にTPIプログラムが導入され、米国では、NASA、国防総省（陸軍、空軍、海軍、海兵隊）をはじめとした連邦政府諸機関や各州政府、全米の警察、刑務所、小学校や中学校、さらには主な大学等にTPIの教育プログラムが公式に採用され、多くの人々の能力開発、自己啓発に貢献する。

また、米国認知科学の最新の成果を盛り込んだ能力開発プログラム「PX2」を打ち出し、中国・アメリカのオリンピック委員会が導入を図るなど、世界中に提供されている。

き明かしたものはありません。

あるとすれば、唯一、ルーの『アファメーション』だけではないでしょうか。

現状を抜け出し、人生のゴールを達成したいあなたは、本書で、そのメカニズムをさらにはっきりと知ることになると思います。

言葉が人生を決定する、その仕組みを理解することで、あなたは、現状を抜け出すことの意味や、そのために人生のゴールをより大きなものに描く必要性も理解することができるようになるでしょう。もちろん、人生のゴールを達成するために、あなたが身につけるべき考え方の全体像も、はっきりと把握できるに違いありません。

「本当にやりたいこと」をやり遂げてしまう人間の潜在パワー

人生のゴールを達成するためのルー・タイスの方法論は、けっして込み入った複雑な方法ではありません。ルーとともにプログラムの開発に携わった私が太鼓判を押しますが、その全体像さえ理解すれば、むしろきわめてシンプルな方法といえます。

だからこそ、**史上最強のコーチングプログラムとして全世界でその採用が拡大しているのです。**そして、4度のオリンピック出場で前人未到の18個もの金メダルを獲得した水泳のマイケル・フェルプスをはじめ、ルーの教えを実践して、秘められた可能性を次々に顕在化させる人々がますます増えているわけです。

現状をどうしても抜け出したいあなた。

心の底から満足する人生を手に入れたいあなた。

あるいは、これまで想像もしなかったような未来の自分になりたいあなた。

その望みは、必ず実現します。

人間というものは、自分に本当にやりたいことがあるとき、たとえそれがどんなに途方もないことであっても、また客観的に見てできない理由が山のようにあることであっても、やり遂げてしまうものです。

たとえば、いつの間にか世界的なアーティストになっているピアニスト、いつの間にか世界トップの学者になっている数学者、あるいはいつの間にか世界的な事業家になっている起業家、国内ではほとんど知られていない世界的に有名な日本人は意外なほどたくさんいます。

彼らがそのような人生を手に入れることができたのは、「あの子は若いときから、ピアノがうまかった」「学生時代から頭がよかった」、あるいは「商才とオリジナリティがあった」などの理由に求められるのではありません。それは、**現状の延長線上にはない人生のゴールを思い浮かべながら、その実現をひたすら望んで選択と行動をくり返してきた結果**です。強く望んでいれば、人間はその実現のために必要なことしかしなくなり、ついには思いどおりのことを実現してしまいます。

それは、並外れた能力や条件を備えている人だけにできる、特別なことではありません。経済力や環境条件とは異なり、思いどおりのことを実現する能力は、むしろ人間に等しく備わっています。徒手空拳からコーチングの元祖となったルー・タイスが、世界の第一人者として成功したことが、何よりも雄弁にそれを物語っています。

とすれば、あなたはいますぐに、考えを変える必要があると思います。そして、自分は人生のゴールを達成し、心の底から深く満足する人生を手に入れることができる

GOAL
ひたすら人生の
ゴールを
思い浮かべよう

と考えるべきなのです。

「言葉」は両刃の剣

あなたの人生を阻んでいるのは、「私はこの程度の人間だ」とか、「あまり多くを望みすぎてはいけない」といった、あなたの内側に固く染みついた言葉の呪縛です。「私にはだいそれた望みを叶える力はない」という自分自身の信念が、あなたをいまの現状に縛りつけているわけです。

この信念は、何によってつくり出されているかといえば、言葉によってです。

これまでの人生において、あなたは他人からそう聞かされてきたし、自分でも自分にそう言い聞かせてきたはずです。たかだかそんな言葉にさらされつづけるだけの単純なことで、人間は「自分はこの程度の人間だ」とか「自分にはできない」などと思い込んでいます。**言葉というのはたいへん危険なシロモノ**です。

しかし、いっぽうで、こうした言葉が持つ力を逆方向に利用してやることは、簡単なことです。単純にいえば、「私はすごい人間だ」とか、「自分にはできる」という言葉を、自分で自分に言い聞かせるわけです。たったそれだけのことでも、人間のマインドは非常にポジティブに変わってしまいます。

アファメーションの技術を学び、それを使いこなせるようになれば、さらに大きな成果が生まれます。人生のゴールを達成するために必要なことが、よりはっきり見えるようになり、毎日の行動と選択は自動的にゴール達成に必要なことに集中するようになるのです。

このように、**言葉というのは両刃の剣**です。

うまく使うことさえできればこれほど強い味方はありません。しかし、そうでない場合は、これほど人間をダメにしてしまうものもないといえます。

本書を手にとってくれたあなたは、もう何も心配することはありません。言葉を味方につけるコツを学ぶことにより、自動的に人生のゴールを達成する方法を身につけることができるようになります。

その先は、自分で心から望む人生のゴールを達成するだけです。10年、あるいは20年後のあなたは、いまの現状の自分が考えもつかないような、とてつもなくかけ離れた素晴らしい人生のゴールを、きっと実現しているに違いありません。

第2章

あなたの人生を一変させる「言葉の法則」

「言葉」は宇宙を司る原理

言葉が人生を決定する。

ルー・タイスは、さまざまな機会を見つけては、このことを人々に伝えました。言葉が持つ力を彼ほどはっきりと提示した人物を、私は知りません。

じつは、**彼のコーチングの方法論は、「はじめに言葉ありき」という西洋キリスト教的な考えによって支えられています。**それが、彼のコーチングプログラム全体を支える、非常に強固な思想的土台になっているともいえます。

西洋キリスト教になじみの薄い日本人は、言葉の重要性を頭では理解しているかもしれませんが、敬虔なカトリック教徒であるルーの認識にはなかなか達することができないのではないかと思います。そこで、言葉とは何かという点を、最初に少しばかりお話ししましょう。

「はじめに言葉ありき」というのは、『新約聖書』ヨハネの福音書第一章一節にある、次のような一節です。


「はじめに言葉ありき、言葉は神と共にありき、言葉は神であった」


この一節は、キリスト教の知識がない日本人にはなかなか難しい内容です。人間が話す言葉が人間よりも先に存在し、それがすなわち神であるというのです。

この本は宗教について述べるものではないため、簡単な説明にとどめますが、**「はじめに言葉ありき」の「言葉」とは、宇宙をはじめとするもろもろの原理のこと**ということができます。

たとえば、天体の運行、季節の移り変わり、昼夜の入れ替わりなど、宇宙は決まりごとによって成り立っています。その決まりごとが、ここでいう「言葉」です。だから、「言葉は神と共にありき、言葉は神であった」ということになるのです。

神と人間との関係でいえば、言葉とは、神との契約のことを指しています。神との契約を行ったことで、それがキリスト教徒の思考や行動を規定するようになりました。その決まりごとを指しているのが、ここでいう「言葉」というわけです。

キリスト教のこうした考え方は、私たちが生きる現代にまで、非常に強い影響を与えています。

たとえば、西洋社会で自然科学が発達したのは、神の存在を証明するためでした。もちろん、社会科学や人文科学も目的は同じです。アダム・スミスが『国富論』に「神の見えざる手」という有名な言葉を記さねばならなかったことも、その理由は「はじめに言葉ありき」にさかのぼることができます。その意味で、西洋で発達したあらゆる学問は、神の存在の証明を目的に始められたとさえいえます。

この点を見逃すと、日本人のキリスト教的世界観に対する理解は、決定的な誤りを招くことになります。

赤信号で止まる本当の理由

さて、「はじめに言葉ありき」という思想と無縁の日本においても、じつはあらゆることが言葉によって規定されています。

たとえば、クルマを運転していて、信号機に赤いランプが点ったときに止まるのは、横断歩道を渡る歩行者がいるから止まるのではありません。その証拠に、歩行者がいないときでも、横断歩道の手前でクルマを停止させるはずです。つまり、道路交通法でそう決められているから、私たちは赤信号でクルマを停止させるわけです。

法律も、「はじめに言葉ありき」でいう「言葉」のひとつです。

日本では明治維新以降、先を急ぐように西洋文明を移入していきました。ほんの少し前の江戸時代には、法律を事細かく張り巡らせなくても社会を運営することができていました。それが、明治維新を迎え、何事も法律に照らして判断する世の中に一足飛びに変わったのです。

このように、キリスト教になじみの薄い日本においても、「はじめに言葉ありき」が浸透し、現代に至っています。

しかも、現代の世界は、そのほとんどの国が資本主義によって経済を営んでいます。資本主義は、そもそもプロテスタントが成功させ、世界に広めた経済システムです。そこでは、企業は利益をあげることが必要とされ、利益とは何かということが、企業会計原則によって定義されています。

この資本主義の経済システムに、現代ではイギリスの支配を受けていたバラモン教国のインドはもとより、中東のイスラム教国や、改革開放を進める中国、社会主義の旗を降ろしたロシアをはじめとする旧ソ連諸国が参加しています。

つまり、**「はじめに言葉ありき」というキリスト教的世界観が、すでに地球規模で共通の社会システムになっているわけです。**

O
E
D
G
B
C
F
A
°はじめに言葉ありき°

ます。

「情動」も言葉が規定している

このことは、私たちが言語によって規定される世界に生きていることを意味しています。

一見すると、目の前に広がる現実はただの物理世界のように映りますが、そうではありません。道路を走るクルマも、サラリーマンがすし詰めになっている通勤列車も、建設現場で組み立てられるビルも、**あらゆる物事が「はじめに言葉ありき」という言語世界の法則によって成り立っています。物理法則ももちろん「言葉」です。**

また、それは人間ひとりひとりの選択と行動をはるかに超えて、私たちを規定しています。その証拠に、**個々人が自由にコントロールしていると思い込んでいる情動さえも、言語が規定しています。**

たとえば、銀行の預金通帳の数字が増えるとうれしいと感じるのは、数字という言語によって規定された感情です。試験の成績が上がるとうれしいのも同様です。もちろん私たちは無意識のうちに法律や社会規範にしたがいます。

経済システムや条約や憲法にあたる近代民主主義システムの中で生きている以上、言語世界が私たちのすべてを規定することから逃れることはできません。

ルー・タイスがいう、**「言葉が人生を決定する」**は、**じつは世界が言語によって成り立っているという確固とした認識によって生み出されています。**すべてを規定する言語世界に生き、その世界で人生のゴールを達成しようとすれば、言葉が与える人生に対する影響力を、そのくらい重く受け止めなければならないわけです。

そこで、ルー・タイスはあなたに、まず自らにこう語りかけるよう勧めます。


「私はもっと大きな人間になれる。もっと多くのことができる。もっと多くを手にすることができる。まずは自分のことから始めよう。自分に語りかけることで可能性を切り開こう」

これは、『アファメーション』の中で彼が最初に読者に示した、自分の可能性を引き出すためのアファメーションです。

しっかり自分に語りかけることができたでしょうか。自らに語りかけることが、まだしっくりとこないかもしれませんが、これはアファメーションを身につけるための第一歩です。

この本を読み終えるころには、自分に語りかけることに、もっと自然な感じでなじめるようになっているはずです。

ブリーフ（信念）が認識のパターンを形成する

ルー・タイスは、**「何を達成するかは、ほとんどの場合、何を信じるかによって決まる」**と述べています。「何を信じるかによって」というのは、どのような**ブリーフ（信念）**を持っているかによって、あなたが達成することが決まるという意味です。

ブリーフとは、脳科学的にいえば、その人の前頭前野や大脳辺縁系につくりあげられ

た認識のパターンのことです。

たとえば、学校で友だちのいじめにあい不登校となった子どもには、学校は命さえ落としかねない恐ろしいところという認識が生まれます。いじめをする友だちがその子を殺そうとするわけではないでしょうが、いじめにあっている本人としては、これ以上やられると死んでしまうと感じるほどの強烈な恐怖体験を味わいます。

その子どもは、いじめをする友だちのことを思い出したり夢でうなされたりするたびに、その強烈な恐怖体験をくり返し追体験します。すると、しだいに前頭前野に認識のパターンがつくりだされ、しまいにはお母さんとの会話の中に学校の先生の名前がでてくるだけで、大脳辺縁系の扁桃体が活性化し、からだに震えがくるような重い症状をきたすようになります。

学校に関連する物事を友だちの過酷ないじめに結びつける認識のパターンが生まれることによって、先生の名前を聞くだけでからだが震えるという反応が起こるわけです。

不登校の子どもの例は極端かもしれませんが、人間は例外なく、前頭前野や大脳辺縁系にいくつもの強固な認識のパターンをつくり上げています。この認識のパターンが、人間が持つ**ブリーフシステム（信念体系）**です。

ブリーフは、言葉を受け入れることによってつくられます。

その人に、「私には、難しいことはできない」というブリーフがあるとしたら、誰かがそう吹き込んだか、誰かに人々の面前でちょっとした失敗を口汚く罵られたか、そうした他人の言葉を受け入れたことによってそれが生み出されたといえます。

ちなみに、言語世界では他人が示す態度も言葉のひとつです。

このように、**外部の言葉を受け入れることによって生み出されたたくさんのブリーフが、人間のブリーフシステムを形づくっています。**

ブリーフシステム
信念

現状から抜け出したければブリーフシステムを変えろ！

ルー・タイスは、**ブリーフシステムが私たちの行動を規定する、**と考えます。

たとえば、企業社会で何事も達成度の低い多くのビジネスパーソンは、生まれながらにして備わっている動物としての人生のゴールしか持っていません。それは何かといえば、いまの現状を維持し、生命を永らえていくことです。

現状を維持することが最善という人生のゴールとブリーフがあるかぎり、人間が現状にとどまろうとするのは当然です。そういう人は、現状にないことに取り組もうとはしないし、現状の外に無限の可能性が広がっていることに想像をめぐらそうともしません。

また、現状は固定化されたものだというブリーフを持っていれば、「いつも変わらない。これからも変わらない」という間違った考えにとらわれてしまいます。

私が面白いと思うのは、「もっと世の中を変えないといけない」と声高に主張する人たちの存在です。

彼らは、世の中が変わらないために不都合を被っていると考えているわけですが、そんなことはありません。世の中は、私たちの想像をはるかに超えるスピードで、めまぐるしく移り変わっています。じつは、変化しないのは「世の中を変えないといけない」と主張している人たちのブリーフシステムのほうです。彼らは自分たちが変化のスピードについていけずにビジネスがうまくいかないことを、「世の中が変わらないからいけないのだ」と、社会のせいにしているのです。

現状は固定化されたものだというブリーフが、こうした甚だしい誤解を招きます。現状は、この瞬間にも極めて流動的なものであり、いつも変わらない現状など、本当はありえないのです。

あなたが現状から抜け出したいと考えているのであれば、その最も効果的な方法は、ブリーフシステムを変えることです。

ルー・タイスは、こんな話を紹介しています。

かつてオリンピックに出場した高跳びの選手で、「背面跳び」に最初に挑んだディック・フォスベリーという選手がいます。彼は国際大会で、バーを後ろ向きで跳び越えた最初の選手でした。そのころ、陸上のコーチたちは子どもたちに「この選手の真似をしちゃだめだ。彼は変わり者だから」といっていました。

しかし、最近では、どの選手を見ても背面跳びです。

１９５４年までは、誰もが1マイル（約１６００メートル）を４分未満で走るのは不可能だと思っていました。ところが、ロジャー・バニスターがその壁を破りました。その後の４年間に、４分の壁は40回以上も破られました。

なぜでしょう?

ランナーたちが４分を切るのは可能だとわかったからです。

ブリーフシステムを変えることができれば、結果はついてきます。会社の中での立場も、家族の生活も、障害物を築いているのは、あなたのブリーフです。それを変えるだけで、これまでとは違う結果が生まれ、人生が開けてくるのです。

ブリーフシステムを変える簡単な方法

ブリーフシステムを変える方法は、２つあります。

ひとつは**人生のゴールを設定すること**、もうひとつは**ビジョンを描くこと**です。

なぜ、人生のゴールを設定したり、ビジョンを描いたりが、ブリーフシステムを変えることになるのでしょうか。

じつは、ゴール設定がなされていない人やビジョンを描くことのできない人は、現状を照らし出すサーチライトしか持っていないのと同じです。

そのサーチライトがいま照らし出しているのは、昨日までの自分が見ていたことと同じものです。昨日までと同じものしか目に入っていないとすれば、たとえどんなに目新しいことを考えついたとしても、あなたは昨日までと同じ現状をくり返さざるをえません。現状の外側に出るためには、昨日までの自分が見ていなかったことを照らし出す新しいサーチライトがどうしても必要になります。

現状の外側に人生のゴールを設定することは、あなたが新しいサーチライトを手に入れる最も簡単な方法です。

ゴールを現状の外側に設定することができれば、その瞬間に、これまで後生大事に蓄えていた目的実現のための道具や手段は、まるで陳腐なものに映るようになります。現状維持のために毎日いそしんできた日課や習慣といったものも、たちまち輝きを失います。ゴール達成のために何をすればいいか、具体的な方法はわからないまでも、昨日までと異なることをしなければならないとはっきり理解できるようになるのです。

現状の外側にゴールを設定すれば、あなたのブリーフシステムも変わります。それがあなたに、これまでとは違う結果と、新しい人生をもたらします。このことは、あなたが人生のゴールをどのように設定するかという点にかかっているわけです。

現状の外側を
照らすサーチライト
現状を照らす
サーチライト

人生のビジョンを描く練習をしよう

ルーと私のコーチングプログラムTPIEでは、**人生のゴールは現状の外側に設定しなければならない**と教えています。

「現状の外側に」という言葉は、いささか理解しにくいかもしれません。

すでにお話ししたように、いまの勤め先で社長になりたいという目標を持っていれば、それは現状の内側にある「理想的な現状」にすぎません。「現状の外側に」というのは、たとえばA銀行に勤めている人が「B国際機関で活躍する」というような、突拍子もないゴールのことです。つまり、現状を懸命に維持していても、けっして達成することのないゴールが、現状の外側に設定されたゴールなのです。

ビジネスパーソンにとって現状の外側のゴールとは、仕事の面だけでいえば、いまの仕事のキャリアがまったく役立たない別の仕事についているか、起業していることになるのではないでしょうか。

それを考えるのは楽しい作業ですが、そのようにゴールを設定しなさいといわれて、すぐにできる人はとても少ないと思います。なぜかといえば、昨日までのあなたのブリーフシステムがその邪魔をするからです。

人生のゴールをどう設定するかについては後の章でくわしく説明していきますが、ここでは手始めに、その準備運動として**人生のビジョンを描く練習**をしてみましょう。

ルー・タイス自身も高校教師を辞めるに当たり、自らのビジョンを優先させました。当時、コーチングという概念もビジネスもなかった時代に、彼は漠然とそういう仕事をやりたいと考え、確固としたビジネスプランもないままに職を辞しました。

ルーの行動は無謀に映るかもしれませんが、現状を脱しようとする人間というのは、多かれ少なかれこのようなものです。

ルー・タイスの言によれば、彼がそのとき一番に思い浮かべていた目標は収入でした。高校教師だったときの2倍の収入を得たい。自分はそれだけの価値がある人間だ。こうした考えが、彼が自らの将来のビジョンを描いていく、入り口になりました。

ところで、ビジョンという言葉は、この21世紀、すでに手垢にまみれた言葉になっています。「ビジョンを説明してくれ」とか「あの人にはビジョンがない」とか、あらゆることにこの言葉が多用されています。そのいっぽうでビジョンとは何かという定義や内容は、嘆かわしいことに、ほとんど問題にされません。

ルーと私は、ビジョンを次のように定義しています。

「ビジョンとは、現状の外側にあるゴールを達成した将来に、その人が見ている自分と世界の姿のことである」

この定義が意味する重要なポイントは、現状を維持することで実現できる将来の「理想的な現状」をいくら思い浮かべても、それはけっしてビジョンになりえないということです。

とはいえ、人生のゴールの設定のしかたに慣れないうちに、私たちの定義に沿って厳格にビジョンを描きなさいというのは、いささか酷な話です。

そこで、あなたにはリラックスして、自由に、**将来の自分の姿や、将来の自分が見**

ている世界の姿を思い浮かべることから始めてもらいたいと思います。

やり方は、あなたが自分の人生に何を望んでいるか、具体的に思い浮かべていきます。

まずは、どんな職業を望んでいるか。

どれくらいの収入か。

仕事ではどのような人々に囲まれているか。

どのようなクルマに乗っているか。

どのようなコミュニティに属し、どのような家に住んでいるか。

家族はどのような様子か。

そして、どのような精神生活を送っているか。

単に豪奢な生活がしたいとか、豪邸と高級車が欲しいといった、射幸心をもとにしてはいけません。いまの10倍の収入を得たいというのであれば、責任ある立場で辣腕をふるい、その対価として望みの収入を手に入れている自分の姿を具体的に思い浮かべていきます。

さらに、そのときのあなたはどういう人なのか、どんな行動をしているのか、周囲の人々にどのような影響を与えているのかなど、具体的により深く考えていきます。

これが、**あなたが向かうことになる「目的地」決定への第一歩**になるわけです。

自分の価値観を明らかにする方法

ビジョンを描くためには、**自分の価値観**を明らかにすることも、とても大切です。

たとえば、あなたは、なぜ働くのでしょうか。いうまでもなく、豊かな生活を築きたいからでしょう。では、なぜ結婚し、子どもをつくるのでしょうか。あるいは、なぜ他人や社会のために自分の利益をすすんで犠牲にすることがあるのでしょうか。

あなたの選択と行動に理由を与えているのは、価値観です。

自分だけ豊かになればいいという考えの持ち主なら、人間は必ずしも一生懸命に働かないのではないでしょうか。

GOAL
将来の自分を思い描く

自分だけという発想であれば、悪事に手を染めたほうがよほど儲かると考える人が少なくないという気もします。

ところが、世の中のたいがいの人は、持てる能力を目いっぱい仕事に注ぎ、お金を稼ぎ、会社に利益をもたらし、家族を養い、地域の環境を改善し、他人にも自分と同様に幸せになってほしいと思っています。価値観は十人十色といいながら、それは何に一番の重点を置くかという微妙な違いにすぎません。

価値観をはっきりさせれば、あなたの将来のビジョンは、より鮮明に描くことができます。そのためにルー・タイスは、次の5つのことを試すよう勧めています。

①自分の体から心臓を取り出して、手のひらに載せるところを想像してみる。

目を閉じて、強くイメージします。あなたの心臓を取り出して、2分間、手のひらに載せてください。その状態で、自分にこう問いかけます。

「私が自分の人生で最も望むことは何だろう?」

答えは、もっと長生きしたい、ということかもしれません。では、もう一度、問いかけてください。「どのような人生をどれだけ長く生きたいのだろう?」と。

人生のクオリティも、人生の長さも、じつはあなたの選択次第だということをじっくり考えてみましょう。

②命が脅かされる出来事を想像（あるいは経験）してみる。

命が危険にさらされているとき、人間は自分にとって一番大切なものが何か、はっきりと理解します。もちろん、それは自らの命にほかなりません。

命にもクオリティがあります。病に侵されながら命を永らえるのではなく、精神的、肉体的に、健康に生き永らえたいはずです。そのために、人間は自分が快適に生活できる内的、外的環境をつくりだそうとします。それが、あなたが望む家族生活、社会生活、地域生活の根幹をなしている点に思いを馳せてください。

③痛みを経験する。

痛みを感じると、人間はそれを和らげて取り除くために必死になります。暴力、迫害、ストレス、病気。たとえ傷つき苦しむのが自らに関係のない他人であったとしても、平然とそれを許容できる人は少ないと思います。自らの痛みを経験することは、相手の立場や人間性を慮る、一番のきっかけです。

ルー・タイスは、痛みは自由や正義といった、その人間の核となる価値観に目を向けさせるといっています。その価値観が、あなたが自分だけでなく家族や周りの人に対して求める生活の質の基盤になっているのです。

④自分が本当に幸せだと感じるものは何かを考える。

人間が心から幸せを感じるものというのは、えてして単純な事柄です。

たとえば、ルーはかつてこんなことをいいました。「家族と夕飯の食卓を囲み、子どもたちが安心しきって食事を美味しそうにもりもりと口に運んでいる姿を見ていたときが、この上なく幸せだった」と。子どもたちに安心と健やかな成長を与えている自分に、彼は心からの満足を味わったのです。

心からの幸せを感じる対象は人によって異なるでしょうが、その上位にくるものは、豪邸や高級車といった物質的豊かさを手に入れることではない場合がほとんどです。むしろ、成熟した人間は、自分が何かを手に入れることよりも、他人に与えることに幸せを見出します。この傾向は、年齢を重ねれば重ねるほど強くなっていくようです。

あなたも、自分が本当に幸せだと感じるものは何かをよく考え、そこから自分が望む快適な生活、環境、人間関係などの将来ビジョンをイメージするようにしてください。

⑤厳しい質問を投げかける。

自分に厳しくこう尋ねてみましょう。「私はこの人生で何に最も価値を見出すだろう？」、「何に対して闘うだろう？」、そして「何のためなら命を賭けられるだろう？」と。

自由、権利、愛する者、生活、健康、自然など、いろいろなものが考えられると思いますが、あなたも6つか7つ、自分にとって大切な事柄を挙げてください。それらを大切な順に並べていくと、何を人生の目標にすべきかがはっきりしてきます。

ちなみに、ルー・タイスの場合は1番が精神的生活であり、2番は家族（家庭）、3番目が仕事で、4番目が健康、5番目に地域環境でした。

それを決めるまでに相当の時間がかかったと、彼はふり返っています。なぜなら、いくら精神的生活を優先させるといっても、家庭の状況が悪ければ精神的生活にも影響し、仕事の状況が厳しければ家庭にそれを持ち込まずにいるのは難しいし、健康にも影響せざるをえません。

列挙した大切な事柄は、それぞれが互いに深く関係しているため、よくよく思案しなければならないわけです。

ビジョンをより鮮明に描くためにする5つのこと
①
②
③
④
⑤

つい陥りがちな「創造的回避」とは？

はっきりとした価値観は、あなたが「目的地」に向かうための鮮明な動機です。

ビジョンを描き、かつ価値観をはっきりさせれば、あなたはもう、目的地を目指すのに「〇〇しなければならない」とは考えずに、つねに「〇〇したい」と思うようになります。

じつは、何かを**「したい＝want to」**という思考ほど重要なものはありません。なぜなら、「したい」という意識は、強烈な創造力を生み出すからです。いっぽう、**「しなければならない＝have to」**という意識は、人間にそれをするように仕向けるのではなく、逆に逃避や回避の行動をとらせます。

ここで、人間が現状を維持しようとして起こす**創造的回避**のことを説明しておきましょう。

人間は、「しなければならない」と考えると、それをしなくていい理由を潜在意識が

いくらでも創り出してしまいます。

たとえば、ルー・タイスは、中学生のころにこんな経験をしました。

その当時に学校で行われたダンス大会は、男子生徒が、体育館の向かい側にいる女子生徒のところに進み出て、踊ってほしいと申し込むのが恒例でした。ルー・タイスは、一緒に踊ってほしいお目当ての女子生徒がいながら、向こうまで行って誘っても断られると考え、仲間にこういいました。

「あんなぜんぜん可愛くない子と、誰がダンスなんか踊りたいと思うんだ？　やめだ、やめ。もっと面白いことしに行こうぜ」

そして、断られたときの屈辱に遭わないように、ルーと仲間たちは体育館から逃げ出していきました。本当は女子生徒とダンスをしたかったのに、拒絶されたときの恥ずかしさだけを考え、成功したときの喜びはまったく思いもしなかったわけです。

こうした行動の中に介在していたのが、「（ダンスを）申し込まなければならない」とか、「断られてはならない」という考えです。そして、この「しなければならない」という思いが、「可愛くない子と踊りたくない」や「ダンスなんか面白くない」という、その場から逃げ出す都合のいい口実を創造することになりました。

潜在意識が行う、こうした創造的回避は、大人の世界でも日常茶飯事です。

たとえば、「しなくてはならない」仕事を何かと理由をつけて先送りにする人は、そここにいます。なかには、仕事をやりたくなくてしかたがなくて、終いにはうつ病になってしまう人もいるようです。診断書をもらって会社を休むとケロッと治るのに、職場に戻るとたちまち具合の悪さがぶり返します。

「しなければならない」という考えは、潜在意識の力によって、その人を現状にとどまらせるように働くのです。

しかしながら、あなたが現状を抜け出して自らが目指す「目的地」に向かうことは、もはや「しなければならない」ことではありません。それは、あなたが「したい」ことにほかなりません。

そのためにあなたがとる必要な選択と行動は、そのすべてが「したい」「選ぶ」「好む」という気持ちから起こすことができます。**ポジティブな動機を持てば、問題の解決、対立の解消、満足できる最終結果というポジティブなイメージが潜在意識に刷り込まれます。**

このことが、最終的な結果のイメージを満足感、達成感、喜びの感情と結びつけ、目標達成を楽しいものにしてくれるのです。

あなたの人生をダメにする「しなければならない」発想

じつは、**「しなければならない」を基準にすると、質の高い、自信に満ちた人生を築くことができません。**

「したい」にもとづいた選択と行動によってもたらされた結果は、すべてがベストの結果ということができます。「したい」と考え、持てる力を注いだことに対しては、たとえどんな結果が出たとしても、その結果に責任を持つことができます。

いっぽう、「しなければならない」として行った選択と行動によって悪い結果が出たときは、すぐに「本当はやりたくなかった」という言い訳を生みます。「しなければならない」という考えは、結果を受け入れ、責任をとる意思を欠いているからです。

「これは私の決断だ。これは私のアイデアだ。私が善人なのは、私が善人であることを選んだからだ。私が働くのは、私が働くことを選んだからだ。法に従うのも従わないのも、すべて私の選択だ」

これは、ルー・タイスがよく行うアファメーションのひとつですが、「しなければならない」という考えの持ち主は、ルーのこうした言葉が持つ確固とした人生の手ごたえを感じようがありません。

ルー・タイスがかつてコーチを務めた、キプチョゲ・ケイノというケニア出身の中長距離ランナーがいます。彼は、メキシコオリンピック出場を目指していたのですが、レースの最終400メートルでいつも激痛を感じることに悩んでいました。その苦しみを克服するための心理学的訓練法がないかと、ルーは相談を受けました。

「レースのそのポイントに差しかかったとき、何を考える？」

ルーは尋ねました。

「あと400メートルも走らなければならない、と考えます」

キプチョゲは「しなければならない」を基準に考えることで、自ら痛みの原因をつくりだしているとルーは考え、こういいました。

「解決策はあるよ。最終ラップに入って、最後の400メートルを走らなければならないとわかったら、そこで止まる。走るのをやめるんだ。そして、そこで止まって、トラックの内側に座り込むのさ」

「そんなのは、馬鹿げています。止まったら、レースに負けてしまいます」

「そうだよ。でも、少なくとも君の肺は苦しくなくなる」

キプチョゲは、怒ったみたいでした。

「ぼくが何のために走っていると思っているんですか？　オリンピックで勝てたら、牛がもらえるからです。ぼくの国では、それでずいぶん金持ちになれるんです。家族は、ぼくをアメリカの大学に送るために、自分たちの生活を犠牲にしてきた。だから、家族のためにも、国のためにも、金メダルを獲りたいんです」

「じゃあ、黙って走ったらどうなんだ？　君は走る必要はない。でも、走ることを選んだ。私に、なぜ走りたいかも話した。それは君自身の考えだ。本当は無理して走る必要はないし、レースを走りきる必要もない。いつだって止まることができるんだ」

「ぼくは、走って勝ちたいんだ」

「じゃあ、そのことに気持ちを集中しろ。『したい』『選ぶ』『好む』を忘れずに練習しなさい」


ルーの言葉に従った彼は、１５００メートルでケニア初の金メダルを獲得、病気をおして出場した５０００メートルでも銀メダルをとりました。

WANT TO
HAVE TO

ルー・タイスは、こう書いています。

敗者のほとんどは、自分の人生を「しなければならない」だらけの状況で過ごします。何をやるにしても、自分の行動に責任を持とうとしません。「しなければ」というたびに、個人的責任を放棄するだけでなく、自尊心も引き裂いています。「しなければならない」は、「これは本来の私ではない。誰かが私をコントロールしている」を意味します。「しなければならない」状況では、常に自分に「やるよ。でも、もし自分の好きにできるとしたら、別のことをする」と言い聞かせています。それは、「私は自分の意思に反して、強制的にこれをやらされている」ということです。

「したい」に変える早道はアティテュードを変えること

ほとんどの人が「しなければならない」という考えを持っているのは、じつは誰かにそう聞かされ、刷り込まれていることが原因です。はっきりいえば、その刷り込みを行ったのはたいていは親であり、学校の先生もそこに一枚噛んでいることでしょう。

その結果、**ほとんどの人は目の前のあらゆる課題を、「しなければならない」というブリーフで捉えているといえます。**

これを「したい」「選ぶ」「好む」に変える早道は、アティテュード（態度）を変えることです。

アティテュードとは、何か出来事が起こったときに、それに向かうか離れるかという行動の性向（方向性）のことを指しています。なぜアティテュードが問題なのかといえば、アティテュードの背後にはブリーフシステムが存在しているからです。

ルー・タイスは、次のようなたとえをよく用います。

あなたが大学生で、「左利きの人間は我慢できない」というアティテュードをとっているとします。そして、大学の学生課で寮の部屋の割り当てを見ると、恐ろしいことに、ルームメイトが左利きだとわかります。あなたにとって、これは大問題です。そんなくだらないことに目くじらを立てる必要があるのかと、あなたは思うかもしれません。しかし、それは「左利きの人間は我慢できない」とは思わない人の言い分です。さらに、判明したルームメイトが「右利きの人間は我慢できない」というタイプだったら、事態は最悪です。

日本人の私たちにはピンとこないかもしれませんが、アラブとユダヤ、南アフリカの黒人と白人、アイルランドのカトリックとプロテスタント、民族的あるいは同一民族内の深刻な対立は、これと同じ理屈によって生じました。要するに、「相手のことが我慢ならない」というブリーフシステムが、歴史的対立のアティテュードを生み出しているわけです。

こうしてみると、古臭いアティテュードに縛られていることが、いかにつまらない時代錯誤であるかがわかると思います。

課題を目の前にして「しなければならない」と考えることも、これとよく似た愚かなアティテュードです。

では、どうすればいいのか。

いますぐ、それを変えてしまえばいいのです。

アティテュードはどのように変えればよいか？

「アティテュードを変えるとして、どう変えたらいいのでしょうか？」

私はよくこんな質問を受けます。質問者は「変えるならば、その代わりとして獲得すべきアティテュードがあるはずだ」と考えているのです。

しかし、この場合は、変えることそのものに意味があり、次にどんなアティテュードを獲得するかに意味はありません。課題に対してこれまでとってきたアティテュード、何か出来事が起こると必ずとってきたアティテュード、それを**どのような方向でも構わないから、とにかく変えてしまうだけ**の話です。

たとえば、親からきわめて抑圧的な教育を受けたせいで、親や目上の人に一切逆らえなかった人が、あるとき親を初めて怒鳴りつけたという例があります。すると、その人は、次の日からまるで別人のように自由に意見をいう活発な人に変わってしまいました。

極端な例かもしれませんが、親を怒鳴りつけるというアティテュードの変更によって、この人の場合は、親の言葉を受け入れることでつくり上げられたこれまでのブリーフシステムが壊れたのです。**アティテュードを変えると、このようにブリーフシステムに劇的な変化が訪れます。**

親を怒鳴りつけるような極端なことはする必要はありません。というよりは、するべき行為ではありません。あくまでも極端な例として取り上げたということをご理解ください。そうではなく、たとえば朝7時に起床していたところを朝5時に繰り上げ

アティテュードを変える

たとか、喫煙の習慣を止めたとか、あるいは私がいつも例に出すように、毎日観ていたテレビを観ないようにしただけでも十分な効果を期待することができます。とにかく、これまで当たり前のようにとっていたアティテュードを、がらりと変えてしまうわけです。

現在のアティテュードのままビジョンを追求しようとすれば、ネガティブな情動を取り込んでしまうかもしれません。あなたのブリーフシステムには、過去に経験した状況への情動的反応が記録されています。そのネガティブな情動が新しい取り組みへの反発や回避へ、あなたを駆り立てるからです。

そのためにも、アティテュードを変え、いまの現状のブリーフシステムを壊すことは、ブリーフを変え、将来のビジョンを思い描くための非常に大切な方法です。

第3章

自己イメージとブリーフシステムを変える方法

なぜ、ポジティブ思考の人は成果を上げるのか？

物事をどう捉えるか。

そのことがよりよく生きるために重要だということは、たいていの人がみな頭では理解しているはずです。

たとえば、仕事で起こったことは何事もポジティブに考える、という人がいます。ポジティブに考えることのできる人は、たとえよくないことが起こってもすぐに立ち直り、問題解決に取り組むのも早いものです。そのため、悪い状況をすぐに改善してしまいます。結果として、ネガティブな思考法を持つ人よりも、より多くの成果を上げることができます。

思考法は、人生のゴールを達成する上で、非常に大きなカギを握っています。一般的によく知られるポジティブ思考は、その点ではまだほんの序の口です。この章では、どのような思考法を身につけたらよいかという点に的を絞り、その獲得法を紹介していきましょう。

人間が選択と行動を行う際に働く思考は、大きく次の３つに分けることができます。

①意識的思考
②潜在意識
③創造的無意識

ふだん誰もが行う「意識的思考」

意識的思考とは、ふだん私たちが意識して行っている思考です。仕事上の問題や課題に対して論理的に解決法を導こうとするのは、意識的思考の代表格といえます。

とはいえ、論理的思考ばかりが意識的思考とはいえません。ルー・タイスは次のような例をよく挙げます。

ある小学生がクラスの学習発表会で初めてみんなの前に立ち、一生懸命に話を始めます。すると、それを聞いていたクラスメートが、突然笑い始めました。動揺した彼は、自分が何をいおうとしていたのかわからなくなり、顔を真っ赤にして席に戻りました。すると、クラスメートが彼をこう囃したてました。

「とんま！　ズボンのチャックが開いてるぞ！」

こうした少年時代の出来事に対する反応、つまり屈辱的な情動は、ネガティブな経験として脳に強烈に記憶されることになります。

それから25年がたち、すっかりいい大人になった彼は、地元のボーイズクラブでのスピーチを頼まれました。彼は、何となく嫌だな、と考えました。小学生のころに味わった屈辱的な経験を連想したからです。そして、彼は「忙しすぎてスピーチを引き受けることはできない」と答えました。

学習発表会の初舞台でズボンのチャックが開いていなければ、おそらく彼の答えは違っていたはずだと、ルー・タイスはいいます。

この例が示すのは、**意識的思考が必ずしも論理的に最善の答えを導き出してくれるわけではない**という点です。論理的に最善の答えとしては、子どもたちにスピーチを聞かせ、「いいお話を聞かせてくれて、ありがとう」と感謝されたほうがいいに決まっています。それができる能力も人間的な魅力も、人はみな持っています。

ところが、意識的思考によって過去の記憶を参照したがために、そのチャンスは阻まれてしまいました。困ったことに、**多くの人がふだん意識的に行う選択と行動は、この手の意識的思考によって行われたものが意外に多いのです。**

ゴール達成の敵にも味方にもなる「潜在意識」

ご存知のように**潜在意識**とは、顕在化していない意識のことです。

ルー・タイスは、潜在意識を高性能テープレコーダーにたとえます。そこには、あなたが考えること、言うこと、察すること、感じること、想像すること、あるいは経験することへの情動的な反応とアティテュードのすべてが記録されています。過去に起こった出来事とそのときの自分が、記録されているわけです。

潜在意識は、あなたの選択と行動を自動的に決めてくれます。たとえば、靴ひもを結ぶ、クルマを運転する、相手にあいさつするなど、いちいちやり方や手順を考えなくても、手やからだが勝手に動いてくれます。あなたの潜在意識が自動的にあなたを動かしているわけです。

もっとも、潜在意識に記録されていることは、必ずしもいいものばかりとはいえません。中には、成長への障害になるものもあります。

たとえば、よく見受けられるのは、これから取り組むべき仕事について、悪いところばかりあげつらったり、出来ない理由ばかりを考えたりする人です。そういう人と話をしてみると、「仕事をやりたくない」というわけではありません。むしろ、「もっとうまくやりたい」と考えている場合がほとんどです。

とするならば、良いところや出来る理由を考えたほうがよほどうまく仕事を成就させることができるはずですが、それができません。理由は、潜在意識に記録されたネガティブな反応が、その人の選択と行動を自動再生しているからです。

潜在意識は、そこにどのような内容を記録するかによって、ゴール達成のための強い味方にも、それを阻む手ごわい敵にもなります。

自己イメージにしたがう「創造的無意識」

創造的無意識というのは、ルー・タイス一流の捉え方で、潜在意識の中でも自己イメージと強く結びついた無意識を指しています。「自分はこういう人間だ」というその人のブリーフシステムが潜在意識化したものと考えればいいと思います。

創造的無意識はその人に対して、自己イメージに見合った行動を強制的にとらせます。

たとえば、ある人が「自分は沈思黙考が得意な参謀型の人間で、大勢の人々に語りかけたり、組織を率いたりする指揮官型の人間ではない」という自己イメージを持っているとします。そこへ突然、自己イメージとはかけ離れた話が持ち上がります。何でもいいのですが、町の有力者から市議会議員に立候補しないかと誘われるとします。その人には地域を発展させるためのアイデアも、市政改善のための提案も豊富にあり、市議として打ってつけの人材に見えたのです。

ところが、このような場合、まず「わかりました。立候補しましょう」ということにはなりません。選挙協力、事務所の提供、落選した場合の身分保証……、有力者がどんなに強く好条件の協力を申し出ても、その人は自分が立候補できない理由を考えつきます。最後の逃げ道は、「最近、持病が悪くなったので、期待どおりの働きはできない」かもしれません。健康に不安があったためしがないのに、なぜか、そのときだけは本当に病気になってしまうのです。

なぜ、こんなことが起こるのでしょうか?

それは、表舞台に立つことがその人の自己イメージにそぐわない行動だからです。市議会議員への立候補という、自己イメージから逸脱する話が目の前に降ってわいたことで、**創造的無意識がもとの自己イメージの状態に戻るよう、その人に強烈に働きか**

けるからです。そして、創造的無意識は、あなたが受け入れているいまの現状を維持させようとします。

無意識に働くこうした作用は、生命が持つ**ホメオスタシス（恒常性維持機能）**の働きからも、ごく自然に理解することができます。

たとえば、温泉につかっていると、人間は汗をかきます。人間の平熱は36・５度ですから、それ以上に体温が上がると、汗をかいて体温を下げようとするわけです。

とはいえ、温泉につかっている人間は、「体温が上がりすぎたから、ここで汗をかかなければいけない。体よ、汗をかけ」などと意識することはありません。何も考えることなしに、脳が勝手に命令を出し、それによって発汗が起こり、体温を下げようとするわけです。

これが、ホメオスタシスです。

まったく意識することなく働くこの作用によって、人間はいまの現状を維持するよう、つまり平熱を維持するようつくられています。

創造的無意識が人間にいまの現状を維持させるようにするのも、ホメオスタシスが働

くからです。つまり、自己イメージから離れた状態から自己イメージどおりの状態に、無意識のうちに戻ろうとするわけです。

あなたは自己イメージを維持するのか、抜け出すのか？

人間が行う選択と行動は、以上に述べた3つの思考によって成り立っています。

この3つの思考に対して、人間にはそれらをコントロールする「司令塔」の役割を果たすものがあります。何かといえば、**人それぞれが持つ自己イメージ**です。

意識的思考もそうですが、とくに潜在意識と創造的無意識は、あなたが現在持っている支配的な自己イメージをつねに維持するよう働きかけています。

自己イメージ

たとえば、いま自分がどれほど優秀か、どれほど成功しているか、どれほど壮健か、どれほど頭脳明晰か、どれほど愛情豊かかなど、潜在意識と創造的無意識は、現在あなたが持っている自己イメージが崩れないよう、守ろうとします。**あなたがとる無意識の態度、行動は、すべて潜在意識と創造的無意識が自己イメージ維持のためにとらせているといってもいいほどです。**

自己イメージを守ることは、すなわちいまの現状を維持することにほかなりません。

じつは、現状維持は生物にとって、とても重要なことです。

なぜなら、現状から抜け出すと、命を危険にさらすことになりかねません。遠い知らない場所に迷い込んだ動物は、外敵に出くわすかもしれないし、谷底の隘路に追い込まれて身動きができなくなるかもしれません。**生き物にとって、現状の外側というのは、つねに死と結びついています。**命を永らえるためには、いま生きている現状にこそとどまるべきなのです。

ところが、**人間にだけは、こうした論理が当てはまりません。**

人間は夢を抱き、それを実現したいと努力します。そのための能力を獲得することに、無上の喜びを感じます。また、見たことのない風景を眺めてみたいとか、まだこの世界に存在していない何かをつくり出してみたいといった、飽くなき希望を抱きます。

もちろん、人間も他の動物と同じように、生命を維持するために現状にとどまろうとするホメオスタシスが働きます。しかし、そのいっぽうでは、現状を維持することで満足できることは何もないと理解してもいます。

どちらをとるかは、人それぞれの考え次第です。でも、あなたはきっと、現状から抜け出す道を求めているはずです。

自己イメージはいかようにも変えられる！

あなたは、自分の自己イメージがどのようにして成り立っているのか、考えたことがあるでしょうか。

そもそも自己イメージとは何でしょう。それは、**他人の目に自分がどのように映っているとその人が思っているか**、ということです。もう少し詳しくいえば、現在のブリーフシステムを持つ自分は他人からこう見られているに違いないという、その人自身の確信であり信念です。つまり、自分がそう思うだけでなく他人からもそう思われているはずの、「私はこういう人間だ」という自分像です。

この自分像のすべては、あなたが持つブリーフシステムが生み出しています。「私はこういう人間だ」というブリーフのそもそもの成り立ちは、あなたの内部から生まれ、成立したのではありません。それは、あなたが外部の情報を認識し、それを受け入れたことによって生まれました。そのときに、あなたは関連するさまざまな情報を連想し、受け入れた情報に対する評価と判断を加え、「私はこういう人間だ」という確信にたどり着いたわけです。

外部の情報を受け入れたことによって、あなたのブリーフが生まれ、自己イメージがつくり出されたという点が、この場合のミソといえます。

上司
親
自己イメージ
友人
他人

たとえば、親が「こうすべきだ」と話したこと、「そんなことをしてはいけない」と叱ったこと、学校の先生や親友があなたについて語ったこと。**過去に外部の人が発し、あなたが肯定した情報が、あなたのブリーフシステムをつくっています。**

自己イメージというと、自分の内側から生成し、オリジナルの個性にもとづいた、変えがたい自己像であると思いがちですが、じつはそうした理解は間違っています。もともと外部の情報が生み出しているわけですから、「私はこういう人間だ。それは、私本来のものであり、簡単に変わるものではない」と、固定的に捉えなければならないようなものではないのです。

つまり、**自己イメージは、あなたがその意思さえ持てば、簡単に変えることができるのです。**

自己イメージの固定化はあなたの成長を阻む

さて、自己イメージどおりのふるまいをつづけることは、自分のブリーフシステムに合致した情報をくり返し受け入れることにほかなりません。

なぜなら、ブリーフシステムに合致しない情報を受け入れると、自己イメージの整合性を保てなくなってしまうからです。そのため、それに合致する情報だけを受け入れていくわけです。

これを換言すれば、「私はこういう人間だ」と考えて、そのとおりにふるまえばふるまうほど、あなたの現状のブリーフシステムは、より強化されざるをえません。つまり、現状のままほうっておけば、**あなたのブリーフシステムは外からの情報によってどんどん強固になり、自己イメージも固定的になっていく**わけです。

世の中には、そうした例がいくらでも見つかります。

たとえば、年齢を重ねるにつれ、老人が頑固で物わかりが悪くなる傾向にあるのは、「私はこういう人間だ」というふるまいをくり返すことで、固定的なブリーフシステムがどんどん強化されていくからです。その結果、世の中が激しく移り変わり、若者をとりまく状況が過去とはまったく違ってしまったのに、「いまどきの若者は……」

と時代錯誤の説教がくり返し口をついて出るわけです。

また、何十年も利権政治に浸ってきた政治家や、高度成長期の成功体験を忘れることのできない財界のお偉方などに対しても、同じことを指摘することができます。彼らは、そのブリーフシステムを長年いたずらに強化してきたがゆえに、現状を抜け出せず、世の中にブレークスルーやイノベーションをもたらすことができません。そして、いまや世界がすっかり様変わりしてしまったのに、まだ旧来型のバラマキ公共事業と円安に、景気回復の夢を見ようとするわけです。

このように、**現状の固定的なブリーフシステムを維持することは、その人にとって成長を妨げる最大の原因**といえます。

「自分らしくありたい」と考えてはいけない、ということではありません。問題は、「**自分らしく**」というときの「**自分**」の中身です。

その「自分」が昨日までと同じ自分であれば、大きな飛躍は望むべくもありません。もし同じ自分でよいのなら、特別なことは何もしなくても、あなたの潜在意識が自動的にそれを維持してくれます。また、たとえあなたが「何かを始めなくては」と考え、新しいチャレンジを始めたとしても、結局は昨日と変わらぬ自分が明日も明後日もその先もつづいていくだけのことです。

ブリーフシステムを壊して自己イメージを変える

人生のゴールを達成しようと思うなら、まず自己イメージを変える必要があります。

現状の自己イメージに縛られていれば、あなたが本当に望むゴールを見つけることもできません。

どうすれば自己イメージを変えることができるのでしょうか。

その方法はただひとつ、**現状のブリーフシステムを壊すこと**です。

そして、現状のブリーフシステムを壊すためには、「自分はこうあるべきだ」「自分はこうでなければならない」と思い込んでいる、これまでの固定的なブリーフをすべてそっくり否定してみることが重要です。

たとえば、仕事には満足できないが、自分には高い学歴があり、いまの大企業勤めをやめるわけにはいかないと考えてきた人なら、「本当にやりたい仕事を探すために会社を辞めます」と上司に宣言した瞬間に、現状のブリーフシステムは壊れます。本当にやりたい仕事がまだ見つかっていないとしても、いまの仕事を辞めてそれを見つけるための行動に踏み切った瞬間に、これまでのブリーフシステムは壊れてしまいます。

ここまで思い切った行動をとることはできないというのなら、アティテュードを変えてみてください。

アティテュードを変えたビジネスマンには、こんな成功例があります。これは、東証マザーズ上場のＩＴ関連企業、アドウェイズの岡村陽久社長がじっさいに体験したことです。

直接の面識はないものの、松下幸之助の本を読み、その生き方に感銘を受けた岡村氏は、一風変わった人物に見えます。それがきっかけとなり、彼は入学した高校をわずか2カ月で中退し、ビジネスの世界に入ります。入社したのはエクステリアの訪問販売会社で、個人宅への飛び込みセールスを始めることになりました。
これは私の想像ですが、16歳という年齢で飛び込みセールスを経験するのは、たいへんだったことでしょう。その岡村社長は、あるインタビューに答えて、こんな面白いことをいっています。

訪問販売で飛び込み営業をやっていたとき、夜9時にマンションに飛び込むかといったら普通はやめます。けれどそこで、『もしかしたら夜来たことをうれしく思う人もいるかもしれない』と前向きに考えていくと、実際売れたりするんです。
（IT PLUS「ネット広告で世界進出を企む26歳中卒社長―アドウェイズの岡村氏」2006年7月6日記事より）

このインタビュー記事の一文には、夜のマンションを狙って飛び込みセールスをしてこいと命じられた岡村青年の、迷いがよく表れています。

彼は会社の利益を追求するために、マンションのドアのベルを鳴らすわけです。仕事から疲れて帰宅した住人たちのひとときの休息を、たとえわずかな時間であっても、会社の利益のために奪うわけです。おそらく、「自分だったら嫌だな」という気持ちが、彼にはあったはずです。

これは、もし自分のところに夜遅く飛び込みセールスがやってきたら、気分を害するし、断るということを意味しています。これが当時の岡村少年の潜在意識であり、ブリーフだったということができます。

当然、彼は夜9時の飛び込みセールスに躊躇したはずですが、会社から命令された仕事を放棄することもできません。

そこで、彼は**アティテュードを変える**というテクニックを自然に使います。つまり、「うれしく思ってくれる人もいるかもしれない」と考えて、「前向きに」マンションの一戸一戸を訪ねていくわけです。

彼はその結果、セールスに成功します。じっさい、訪問を喜んでくれる人にも会えたに違いありません。その瞬間に、彼の「自分なら、こんな夜遅くはお断りだ」とい

ブリーフシステム

うブリーフは崩れることになりました。

そして、おそらくこんなことを思ったはずです。

「そうか、こんな夜遅くにセールスマンが訪ねてきても、喜んでいいんだ。自分も、きっとそれをうれしく思うときがあるだろう」

これが、彼の中で、自分や世の中に対する認識がガラリと変化した瞬間です。

この経験を境に、仮に夜遅く彼のもとに飛び込みセールスがやってきても、条件反射のようにそれを断るというアティテュードをとらなくなったに違いありません。彼に無意識のうちにそうさせていたブリーフシステムが、崩れてしまったからです。

現状のブリーフシステムを壊すというのは、こういうことです。

新たなブリーフシステムがもたらす新しいゴール

現状のブリーフシステムを打ち壊し、新しいブリーフシステムを獲得すると、これま

で思いもよらなかった人生のゴールが見えてきます。

「私はこういう人間だ」という、これまであなたを縛ってきた**ゲシュタルト（ひとまとまりの概念）**が崩れると、人間はその代わりになるゲシュタルトをつくりだそうとします。

たとえば、「私は洗練された人間だから、東京でゲーム開発の仕事をするのが一番ふさわしい」として渋谷のＩＴベンチャーに勤めていた人が、数年後、いつのまにか石炭を扱うカナダの商社に転職していたというような例はいくつもあります。現状の固定的なブリーフシステムが崩れたことで自分の可能性に気づき、自分に対する新しいゲシュタルトをつくりだしたからこそ、他人がびっくりするような飛躍を遂げることができたのです。

このように、**新しい自己イメージとブリーフシステムの獲得プロセスは、自分が本当に望むことを発見するプロセスでもあります。**

ちなみに、私のことを引き合いに出せば、私の人生のゴールは「戦争と差別のない世界をつくること」です。

就職したてのころの私は三菱地所の財務に所属し、将来は国際ビジネスマンになることを目標にしていました。一流企業で活躍することがいいことだ、というブリーフシステムを持っていたわけです。

そのじつ、本当にやりたいことは、ものづくりでした。楽曲をつくりたいとか、映画を撮りたいという人一倍の強い思いがありました。しかし、そういう思いは、国際ビジネスマンになることがいいことだというブリーフシステムによって、自分では見えなくなっていたわけです。

会社からアメリカ留学を許され、大学院で認知科学や計算言語学を学んだ20代後半、私は、会社を辞めることを決意します。と同時に、コンピュータプログラムづくりの中にわくわくするような喜びを感じる自分に気づきます。そして、30代の10年間はその仕事にのめり込みます。

私はそこに、非常にフラットで平等なコンピュータネットワークの世界を見出しました。その発見が、世の中に権威者として認められた人が偉いとか、権力を握る人が肯定されるという、私のブリーフシステムを完全に壊すことになりました。

すると、本当に権威のある人は、世の中の表舞台では権威者として十分に認められていないということがはっきりとわかるようになりました。「ニューズウィーク」の表紙は飾らないが、知る人ぞ知る人物。私は、そういう生き方をしたいと思いました。それが本心からの望みだと、得心がいったのです。

「戦争と差別のない世界をつくること」という人生のゴールは、そのときからはっきりと見えるようになりました。

ずいぶん抽象的で大きなゴールだと思うかもしれませんが、いまの私には、ゴールを達成したときの自分の姿を非常にリアルに感じることができます。そのときの私はどのような環境で仕事をし、周りの人々と何を話し、どのようにふるまっているか等々、未来のビジョンが、いまの私の自己イメージを生み出しています。

あなたもまた、私がたどった道のりとは違うかもしれませんが、私と同じように現状のブリーフシステムを壊しながら、人生のゴールを見出していくことになるはずです。

「スコトーマ」とはなにか？

現状のブリーフシステムを壊すという課題は、じつは**スコトーマ**とも密接に関連しています。**スコトーマとは盲点を意味しています。**

盲点といえば、あなたは眼球に存在する暗点（見えない部分）のことを思い浮かべるでしょう。ご存知でしょうが、目を正面の一点を見る状態にして、鉛筆などを視野の端から徐々に中央へと動かしていくと、あるところで鉛筆は急に見えなくなってしまいます。この見えない部分が、一般にいう盲点です。

スコトーマは、目の盲点とは異なり、構造上見えない部分があるということではありません。むしろ死角のようなものと捉えたほうが、イメージ的には理解しやすいでしょう。

死角とは、クルマを運転するときにバックミラーで捉えられない範囲や、ホームに到着した電車が視界を遮って見えなくなった範囲を意味します。

私たちに死角を生じさせるものは、バックミラーや電車など物理的な障害物にかぎりません。**人間の思い込みは、えてして物理的な障害物よりも大きな死角を生み出します。**

たとえば、家から急いで出かけようとしたときに、玄関のカギが見つからなくなったことはないでしょうか。あなたはこれから大切な出張に出かけなければならず、そのための新幹線のチケットも購入しています。

こんなときは、「カギがない！」という焦りがどんどん膨らんでいきます。いたずらに時間が過ぎ、焦りが募れば募るほど、カギを見つけることができなくなっていきます。

とうとう新幹線の出発時刻にどうやっても間に合わない時間になり、覚悟が決まって先方に断りの連絡を入れることになります。そして、電話口で適当な言い訳を伝えているそのときに、テーブルの上に無造作に投げ出されたカギが目にとまります。「そこは何度も探したはずなのに！」と、大切なアポイントメントもチケット代も無駄にしたあなたは、狐につままれたような気分になるわけです。

まるでマンガのような話に聞こえるかもしれませんが、私たちはみな多かれ少なかれ、こういう経験をしています。

なぜ、目の前にあるものを見つけることができないのか？

認知科学的にいえば、これは**思い込みが障害物になって、見えない範囲をつくりだしたことが原因**です。「カギがない！」と強く思い込むことによって、目の前にあるカギを視界から遮ってしまったわけです。「ない！」と自分に強く語りかけることが、「ない！」というブリーフを生み、まさにそのとおりの現実をつくり出したといえるかもしれません。

これが、**スコトーマ**です。

スコトーマ
思い込み
視界

あなたは見たい世界だけを見て生きている

人間には、スコトーマはつきものです。

この点を突き詰めて考えていくと、興味深い事実に行き当たります。

それは、**人間は自らのブリーフシステムによって物事を見ている**、という事実です。

たとえば、「東京は日本で一番、素晴らしい街だ」というブリーフを持つ人は、東京に出て、東京の会社に就職し、そこでマイホームを持ち、子育てをしたいと願うでしょう。そして、たいていの人は、じっさいにそれを実行に移すと思います。

そのときに、東京の街は悪臭がするとか、水がまずいとか、家賃をはじめ生活コストがバカ高いとか、毎日のように人ごみにもまれて疲れるとか、子どもをのびのび育てられる環境がないとか、そういったデメリットについてはまったく目に入りません。

もちろん、知識としては理解しているかもしれませんが、「それが何か？」という具合で、まったく気になりません。東京が持つ数々のデメリットにリアリティを感じないわけです。

いっぽう、「自然が豊かな田舎暮らしが一番だ」というブリーフを持つ人は、地方に出て、リゾート地などで商売を営み、そこでマイホームを持つでしょう。

そのときに、収入が大都市圏で勤めているときの半分近くになるとか、コンビニひとつ行くのにクルマで15分もかかるとか、夜の9時を回ると外食のできる店が一軒もなくなるとか、風土病に罹る確率が高くなるとか、そういうデメリットはやはり一切目に入らなくなります。

田舎暮らしをする人に「不便でしょう?」と水を向けると、あっさり「不便はないですよ」という答えが返ってきます。私のように東京暮らしが染みついた人間は、「それは嘘だ。明らかに不便だろう」と思うわけですが、田舎暮らしの本人は自分が間違ったことをいっているとは少しも思っていません。不便ということに、リアリティがないわけです。

注目すべきは、いずれの場合も、「これが一番だ」というブリーフがデメリットを遮って見えなくさせている点です。つまり、**人間はブリーフシステムに従った物事だ**

けを受け入れ、それ以外のことはシャットアウトしてしまうわけです。
このように人間は、物理世界であれ情報世界であれ、その人が見たい世界だけを見て生きています。このことを一言でいえば、次のようになるでしょう。

あなたのブリーフシステムがスコトーマをつくり出し、見える範囲を決めている。

これがスコトーマの原理です。

スコトーマが人生のゴールを見えなくさせる

さて、ブリーフシステムを持っていない人はいませんから、現状のブリーフシステムを変えないかぎり、人間は、つねに自分がこれまで受け入れてきた世界だけを見つづけることになります。それ以外の世界は、スコトーマがかかって目に入ってくれません。

いまあなたの目に映っている現実世界は、あなたのブリーフシステムがつくり出している世界です。あなたは、自分が信じているもの、つまりあなたのブリーフシステムが「世界とはこういうものだ」と示すものだけを見ているわけです。
ルー・タイスは、述べています。

スコトーマがあると、見たいものだけを見させ、聞きたいものだけを聞かせ、考えたいことだけを考えさせます。「彼らには勝てないよ。勝てるわけがない」「彼女はデートなんてしてくれないよ。絶対に」「わが社をあの会社に売ることはできない。これまで買収されたことなんてないんだから」など、こうした選択肢の排除の例はどこにでも見られます。

一つの意見、信念、態度に縛られると、自分の信じることと矛盾するものに対してスコトーマを築きます。ものを見るときに先入観にとらわれ、何をするにも習慣にとらわれます。

人生のゴールを考える上で、ブリーフシステムを壊すこととスコトーマの関係は、いささかやっかいです。

何とかして人生のゴールを達成しようと思っても、あなたに見えている世界が昨日と同じ現状であれば、どんなに努力したところで不満を解消することはできないといえます。なぜなら、**人生のゴールを達成する具体的な方法は、いまあなたが見ている現実世界にはなく、スコトーマがかかっていまは見えていない現状の外側にある**からです。

とすれば、いまあなたが現状を抜け出すために資格取得の勉強にいそしみ、あるいは仕事のスキルを高める特別な訓練に励んでいたとしても、それは全部、骨折り損にならざるをえません。現状で見えている方法を実行しても、現状を抜け出す役に立たないどころか、現状維持を強めるばかりです。

では、いったいどうすればいいのでしょうか。

「カギが見つからない！」のフシギ

私たちは、目的を目の前にすると、それを達成するための方法を最初に考えるよう習慣づけられています。方法を考えてから実行に移すことが、効率よく目的を達成することだと教えられ、そのための訓練を受けつづけてきたからです。

現状を抜け出し、人生のゴールを達成しようとするときも、たいていの人はまずその方法を考えようとします。そのため、達成する方法がわからないゴールは、なかなか思い描くことができません。たとえできたとしても、ひとときの楽しい空想のように受け止め、しばらくするとそのことを忘れてしまいます。

こうした思考パターンに慣れてしまうと、「方法は考えずに、将来こんな自分になれたらいいな、というゴールを考えてください」といっても、なかなかピンときてもらえません。

しかし、ゴールを達成する方法は、現状でわかるはずがありません。逆に、いま達成方法がわかるゴールを設定しているとすれば、それはあなたが本当に望むゴールではないということを意味しています。そのゴールは、現状をつづけることで達成可能な、**将来の「理想的な現状」**にすぎないのです。

あなたは、達成の方法を考える必要はありません。**ゴールを正しく設定すれば、それを達成する方法は、スコトーマの原理によって後から見えてきます。**

では、ゴールを正しく設定するために、何をすればいいか。

それは、やはり**現状のブリーフシステムを壊すこと**です。現状のブリーフシステムが壊れてしまえば、スコトーマが自然に外れ、あなたが本当に望む自分の未来像も見えてくるのです。

そして、**現状のブリーフシステムを壊すためには、ここでもまた、アティテュードを変えることがたいへん有効です。**

GOAL
現状のブリーフ
システム

先ほどのカギをもう一度、例にとりましょう。

私は、「カギがない!」と強く思えば、そのブリーフがスコトーマをつくり、目の前にあるカギが見えなくなると述べました。

もちろん、焦る気持ちが余計にそうさせるわけですが、困難な状況に陥ったときは、努めて肯定的に自分に語りかけることで問題が解決することがよくあります。

たとえば、「**カギが見つからないときは、たいてい目の前にあるものさ**」と自分に言い聞かせると、意外にあっさりとカギが出てきます。「必ず見つかる」という肯定的な方向に考えを向かわせてやると、発見が容易になるわけです。

アティテュードの変え方はいろいろありますが、**自分が持つ現状のブリーフやブリーフシステムとはまったく逆の考えと立場を意識的にとること**が、一番いいかもしれません。人生のゴールを見出すための作業も、ここから始まるわけです。

社長や富豪になるのは特別な人!?

アティテュードは、あなた次第でいくらでも変えることができます。

まずは、あなたが「できない」「無理だ」と思っていることを片端から変えていきましょう。これまで排除してきたあなたの可能性を、そうやって取り戻していくのです。

「出世したいけど、自分の能力では起業して社長になることはできないだろう」と思っている人は、社長にはなれません。「なれない」という世界だけが目に入り、「なれる」という世界はスコトーマによって隠されてしまうからです。そのため、どうすれば起業できるかということもけっして見えてはきません。

また、**「自分の生涯賃金は2億円くらいだろう」と思っている人は、それ以上に稼ぐことができません。「生涯賃金2億円」の世界しか目に入らなくなるからです。**視界の外側には上限なくお金を稼ぐことのできる世界がいくらでもありますが、その世界のことはまったく見えなくなるわけです。

それでもまだあなたはこう考えるでしょうか?
社長や富豪になる人は、よほどの強運に恵まれた、ごく一握りの特別な人だけだ、と。

「いや、きっと簡単なことだ。誰にでもそのチャンスはある。そして、それは私にも達成可能なことなのだ」

一度、自分にそう語りかけてみてください。そして、街ゆく人々をあらためて眺めてみてください。

すると、大きな邸宅から出てくる人や高級外車を乗り回す人が、意外にたくさんいることに気づくでしょう。よく見れば、そのいかにも裕福そうな人たちは、特別に優秀な人だったり、天才的な人だったり、由緒正しい人だったりするわけではありません。全部が全部とはいいませんが、どこにでもいる、ふつうの人が多いはずです。

特別な人でなければ社長や富豪になれないというあなたのブリーフは、急激か徐々にかの違いはあるにせよ、崩れざるをえないのではないでしょうか。

これまであなたが彼らのようになれなかったのは、単に「自分にはなれない」というブリーフがそうさせていただけの話です。「自分もなれる。自分にもできる」、あるいは「特別な人間にしかできないというのは、嘘だ」と考えることさえできていれば、そういう人になる方法もとっくの昔に見えていたことなのです。

アティテュードを変えれば、現状のブリーフシステムが壊れ、スコトーマが外れます。そして、スコトーマが外れたら、新しい物事や新しい考え方の数々が見えてきます。その結果、あなたは新しいブリーフシステムを獲得することができるようになります。

そうするうちに、人生の捉え方や考え方がガラリと一変するきっかけをもつかめるはずです。これまでは見えなかった、本当に望む人生の喜びや目標が見えるようになり、**現状の外側にある人生のゴール**が、あなたの目にはっきりと映るようになるのです。

「セルフトーク」をコントロールする

新しい自己イメージと思考法を獲得するにも、アティテュードを変えるにも、大切なのはやはり「言葉」です。

自分に語りかける言葉をコントロールすることが、その第一歩です。

自らへの語りかけを、私とルーは、**「セルフトーク」**と呼んでいます。じつは、人間は一日に何万回という頻度でセルフトークを行っています。

たとえば、「私はなんて不器用なんだ」「これなら私にもできる」「失敗しないようにしなくちゃな」等々。また、先に例として挙げた、目の前のカギを隠してしまう「カギがない！」も、セルフトークです。

このセルフトークをコントロールすれば、自己イメージを変えることができます。自分に対してネガティブに語りかけるのをやめ、ポジティブなセルフトークを行うことです。たとえば、「私は優秀だ」「それは私には簡単なことだ」「私がチャレンジすれば最善の結果が出る」など、何事においても自らを肯定する言葉を語りかけます。

ルー・タイスは、こうしたセルフトークを「**スマートトーク**」と呼びました。

スマートトークの効果は、その言葉と一致する行動をあなたにとらせる点です。

言葉の力が行動を引き起こすのです。

その理由は、潜在意識があなたに、その言葉どおりにするよう命じるからです。

すでに述べたように、現状の自己イメージとブリーフシステムは、その人を現状に押しとどめ、つねに現状を維持していくよう働きかけます。「私はこういう人間だ」という自己イメージとブリーフは、この段階では成長の妨げとなる、悪しき力の源泉でした。

ところが、この力は、成長を促すよい方向に利用することもできます。

スマートトークによって新しい自己イメージとブリーフを獲得すると、今度はそれらがあなたに新しい現状を自動的に維持するよう働きかけます。潜在意識は、あなたにその新しい自己イメージとブリーフを維持する選択と行動をとらせ、いちいち意識しなくても、潜在意識があなたを目標達成に導いていきます。

ルー・タイスはいいました。

「すべての意味ある永続的変化は、内から始まり外に広がる」

これが、人生のゴールを達成する（より正確にいえば、5章で説明するようにコンフォートゾーンを上げる）ための技術、「アファメーション」の原理です。つまり、セルフトークをコントロールすれば、潜在意識の力によってあなたは現状をすぐに抜け出し、目標を達成するための行動を始めるのです。

ゴール達成に向けてスマートトークを習慣づける

あなたは、これからしばらくの間、**自らにどのように語りかけているか、自分のセルフトークを注意深く監視してください。**そして、そのときどきのセルフトークから、

成功する
私はよくやっている

さげすみ、皮肉、嫌味、敵意、自分や他人に対する過小評価など、ネガティブな言葉をすべて排除するよう努めてみましょう。

それがスマートトークを自らに習慣づける秘訣です。

あなたが行うスマートトークの内容は、他人に対する肯定的な評価、そして自分に対する肯定的な評価です。正しいことをしているときは、「私はよくやっている」といいましょう。ただし、声に出さずに、自分にだけこっそりというようにしてください。

とくに、**「私はいったい何をやっているんだ」とか「どうしてこんなにバカなんだ」といった否定的なセルフトークは絶対にしてはいけません。**

自分に対していまいましい感情が湧くようなときは、「私らしくない」とか、「これはいい経験になった」というように考え、そのさいの判断や行動を修正してください。そして、次に同じ状況になったときに何をすべきか考え、「次は成功するし、私ならやり遂げられる」と語りかけるようにしましょう。

これが、内なる自分に意味のある永続的変化を起こさせる、大きな第一歩です。

ただし、スマートトークによって新しい自己イメージとブリーフを獲得したとしても、「よし、私の自己イメージは修正できたし、完成した」と考えてはいけません。自己イメージはつねに修正していく必要があります。

その蓄積は、あなたの新しいブリーフシステムと潜在意識を構築し、あなたを人生のゴール達成へと向かわせるのです。

第4章

ゴールを脳に
プログラミングする技術

なぜ、ルー・タイスは高校教師を辞めたのか？

高校教師をしていたルー・タイスが職を辞したのは、彼がワシントン大学の教授から人間が夢を実現するときの内的なメカニズムについて学んだことがきっかけでした。教師をしていた間、彼は勤め先の高校でフットボール部のコーチをも務めていました。高校生たちをいかに指導すれば強いチームをつくれるのか。彼はフットボール部の強化に、精力的に取り組んでいました。ワシントン大学の教授に教えを請うたのも、自分のチームを一流にしたい一心でした。

そのときルー・タイスは、大学教授が授けてくれた情報が自分のフットボールチームのみならず、あらゆる人と組織に適用できることを理解します。そこで、彼は高校を辞め、その情報を使って人々を助け、組織を改善する手助けをすることをゴールに掲げてビジネスを立ち上げたのです。コーチングという言葉も、コーチングビジネスという概念も、まったくない時代のことでした。

ビジネスを立ち上げたころの状況を、彼は次のように回想しています。

「つまり、システムを変えたいということですね？」というのが周囲の反応でした。

「そのとおりです」

「コンサルタントとしての経験はどのくらいお持ちですか？」

「まったくありません」

「博士号を持っているとか、何かそれに代わる経験があるとか？」

「いいえ」

「実地調査はどこでやりましたか？」

「どこでもやっていません」

「それでは、どんな資格をお持ちなのですか？」

「正直なところ、何もありません」

こんな調子で何の資格も持たない私が、なぜ自分にこの目標が達成できるなどと思ったのでしょう。私にそう思わせたのは、今の状況は私の潜在能力を正確に反映したものではないという確信でした。

ルー・タイスは、学んだ情報を使って人々を助け、組織を改善する手助けをするというゴールしか持っていませんでした。どうやって実現するかという手段は、まったく持ち合わせていませんでした。そこで、売り込みに行くたびに、前記のようなやりとりをくり返さなければなりませんでした。

それでもルーは、いくつもの壁を乗り越え、ゴールを実現していきます。理由は、**現状の外側にゴールを設定することでスコトーマが外れ、ゴールの達成に必要なことしか目に入らなくなった**からです。

私はすでにそのメカニズムを説明しました。ただし、そのメカニズムを強烈に駆動させるためには、さらに重要なことがあります。それは**人生のゴールを、いわば脳にプログラミングすること**です。

ここでは、その方法について述べていきましょう。

ジョン万次郎のアファメーション

ここでルー・タイスがよく用いる「**目的的志向**」という言葉がふたたび登場します。

その意味するところを一言でいえば、**あなたが本当に達成したいと望むことは、誰が何といおうと、どのような障害があろうと、いつの間にかごく自然に達成してしまう**ということです。

たとえば、ギターがうまくなりたいと強く望んでいる中学生の子どもは、親がどんなに反対しても、その望みを実現してしまいます。

ギターを買うお金がなければ誰かのお古のギターを調達するだろうし、練習場所がなければ公園の片隅を借りることでしょう。練習中に木枯らしが吹こうと、凍えるような寒さであろうと、痛くも痒くも感じません。ギターを弾いてさえいれば幸せで、いつの間にか上達してしまうわけです。

勉強でも、同じことがいえます。自然科学でも社会科学でも、その仕組みの中に隠された真理を知りたいと強く望む学生は、四六時中、本を読み、考え、問題を解いています。

自由な時間が十分にない苦学生ならば、睡眠時間を削って勉強に取り組むでしょう。周りの人は「苦労してたいへんだね」というかもしれませんが、本人にそんな気持ちはありません。なぜなら、それが楽しくてしかたがないからです。そして、何年か後には、その分野でひとかどの学識者になっているわけです。

歴史に出てくる偉人にも、強く望み、それを実現したといえる人物はたくさんいます。

たとえば、江戸末期にアメリカに渡り、帰国後に土佐藩校の教授や日米修好通商条約締結のさいに通訳を務めたジョン万次郎は、もとはただの土佐の漁師の息子でした。彼は、14歳のときに漁に出て遭難し、無人島に漂着したところを運よくアメリカの捕鯨船に救助されます。そして、アメリカに渡り、捕鯨船の船長の養子として暮らすようになります。

万次郎は、日本で寺子屋教育を受けたことがなく、当然、読み書きもそろばんもできません。にもかかわらず、彼はアメリカに渡ってから熱心に勉強を始め、オックスフォードビレッジスクールに入学して英語、数学、測量、航海術などを学びます。

卒業すると、彼は捕鯨船の乗組員として生活するようになりますが、西部で起こったゴールドラッシュに目をつけます。金の採掘の仕事でひと儲けすることを思い立ったのです。そして、狙いどおりに大金を稼ぎ、その資金で漂流から10年後、日本への帰還を果たしました。強運といってしまえばそれまでかもしれませんが、その数奇な人生を考えると、私は彼がどれほど強く故郷への帰還を望んだかということに思いを馳せずにはいられません。

ジョン万次郎の体験談は、『漂巽《ひょうそん》紀略《きりゃく》』という本にまとめられています。それを読むと、彼がアメリカでとった選択と行動のすべてが故郷への帰還のためのものだったと、受けとめないわけにはいきません。

人種差別も経験し、相当の苦労をしたはずですが、むしろ彼の話は、とんとん拍子に人生が開けるファンタジーのような趣を漂わせています。おそらく万次郎は、次の扉、次の扉と切り拓き、自らを前進させることが、帰国という夢を果たす唯一の方法だと理屈なしに感じていたのでしょう。そして、健やかな気持ちで目の前の課題に取り組み、問題を片づけていったのではないかと私は想像します。

万次郎の存在は、人間が潜在能力を発揮し、離れ業《わざ》のようなことをやってのけ、本当に望むことを実現してしまう好例といえるはずです。これが、目的的志向というものです。人間は、本当に望んでいることがあれば、無意識のうちに目標に向かい、やり遂げてしまうわけです。

このように、**目的的志向とは、目的論的なプロセスを使って前進し、なりたい自分になることです。**

人生のゴールを達成するために、これほど強い味方もありません。目的的志向を働かせれば、人生のゴールは自動的に達成されるといえます。私とルー・タイスが開発したTPIEというコーチングプログラムでは、あなたが自らの力でこの目的的志向を埋め込み、それを働かせるように導いていくことが、じつは肝心要の技術になっています。

人生のゴール
目的的志向

イメージ、言葉、情動がキーワード

目的的志向を身につけるには、**何が目的的志向を働かせるか**について知ることが早道です。

それを働かせる要素は、3つあります。

まず、**イメージ**です。先に挙げた、ギターがうまくなりたいと強く望む中学生は、たとえばジミー・ペイジやジミ・ヘンドリックスのようにギターをかき鳴らす、将来の自分の姿や演奏のイメージを持っているでしょう。

次に、**言葉**です。ギターの練習にいそしむ中学生は、「これは難しいから、僕には無理だな」とはけっしていいません。いつも「きっとできる」と考え、くり返しセルフトークでそう自分に語りかけています。仲間と練習するときも、「このくらい弾ければ十分じゃないか」とはいわず、「練習すれば、俺たちはもっとうまく弾けるよ」といっているはずです。

そして最後は、**情動**です。たとえば、ギターの練習をするときは、将来ステージに上り、大勢の前で演奏する自分を想像しながら、必ず「カッケー」とか「サイコー」と至福に包まれる感情を呼び起こしているはずです。

人間が目標を望むときというのは、必ずイメージと言葉、情動を使っています。

誰もがまず、イメージと言葉によって目標を捉えます。次に、そのイメージと言葉が情動を呼び起こし、そのことが目標に、よりリアルで具体的な姿を与えます。そして、そのプロセスによって目標がリアルで具体的なものになっていくがゆえに、人間はそれを実現することができるのです。

これが、目的的志向が働く際のメカニズムです。目標がリアルで具体的な姿であればあるほど強い刷り込みが行われ、目的的志向がうまく働く、ということです。言い換えれば、**目的的志向とは、イメージ、言葉、情動によって、目標を脳にプログラミングすること**なのです。

ゴール達成に必要な3要素

人生のゴール達成という面から3つの要素をまとめると、次のようになります。

①イメージ

あなたがどのような将来像を望むか、新しいイメージを持てば、あなたの五感すべてがそのイメージに照準を合わせるようになります。見るもの、聴くもの、触るもの等々、すべてがこれまでとは違ってくるはずです。また、人生のゴールを定めると、頭の中で思い描く自分の収入レベルや社会的地位などの条件や環境が変化します。

そのため、いままで欲しかったものがまったく価値のないものに思えたり、現状の環境ががまんのならないものに見えたりするでしょう。現状に対する不満が高じるのは、とてもいいことです。

同時に、自分の将来の自己イメージを鮮明にしていきましょう。

目的的志向を働かせる3要素
できる
できる
イメージ
言葉
情動

ここで重要なのは、**イメージを膨らませること**です。人生のゴールそのものは、すでにふれたように必ずしも具体的である必要はありません。ゴールを達成したときの自分はどのような姿をした自分なのか、どのような環境で仕事をし、どのように人々を指導しているか、どのような家族とどのような時間を過ごしているか、将来の自己イメージをつくるのです。

その自己イメージを鮮明にすればするほど、強い刷り込みを行うことができます。

②言葉

目的的志向をうまく働かせるためには、自分が使う言葉に注意を払わなければなりません。これまで説明したように、何を話すかは、あなたのブリーフをつくり出します。言葉の選択によって、あなたはよい方向にも悪い方向にも導かれるのです。

【セルフトーク】

あなたの頭に浮かぶ思考は、セルフトークの一部です。考えが浮かぶたびに、世界がどうあるべきか、自分がどうふるまうべきか、あなたの基準を決めているといえます。

ルー・タイスも、こう述べています。

自分と話すときには、つねに現状の世界がどうなっているかを自分自身に告げています。認識し経験したことを解釈し、思考を通して頭の中にイメージをつくり上げます。その中には自己イメージも含まれます。自分自身の思考と言葉で、自分のための環境と限界と基準をつくりだしています。

将来に対して新しいイメージを持つと、ゴール達成に必要なすべてが、「したい」「選ぶ」「好む」というセルフトークに変わってきます。もし変わってこなければ、思い浮かべているゴールが本当に望む人生のゴールではない、ということです。

新しいイメージは、現状に対する不満をも鮮明にするはずですが、そのせいで現状への不満に囚われた思考をくり返し、周囲の人の悪口をいったり、自分が置かれた状況を呪ったりしてはいけません。周囲の人や環境のせいにする自己正当化すれば、現状を肯定することになってしまいます。

同様に、過去に起こった問題や現在のトラブルを、セルフトークの中でくり返すことは努めて避けるようにしてください。過去の悪い経験を思い出せば、人間は必ず自らの過去に拘泥することになります。

あなたにとって唯一最大の関心事は、人生のゴールを達成することしかないはずです。それは現状から抜け出した未来の出来事であって、現状の内側にある現在および過去の出来事とはいっさい関係がありません。**あなたがゴールを達成するために必要としているのは、未来のことを思い描き、考えることなのです。**

【プライベートトーク】

人生のゴールを思い描くと、その夢を仲間に共有してもらいたいという誘惑に駆られます。とくに身近に親友やライバルがいると、互いに通じ合って、一緒に成長したいと思うでしょう。そのため、**自分が思い描くゴールを、あなたは周囲の人々に気安**

く話してしまうかもしれません。

しかし、人生のゴールを100％達成しようとするなら、これはよくないことです。

なぜなら、あなたの話を「ふん、ふん」と頷いて聞きながらも、「へえ、君は変わってるね。本当にそんな大それたことが実現できると考えてるの？」と、嘲りを返してくる相手がいるからです。

考えてほしいのですが、あなたがいままで不満足な現状にとどまりつづけてきた理由は、いったい何だったでしょうか。

能力がなかったから？

発想が貧困だったから？

それとも、視野が狭かったから？

いや、そうではないはずです。

あなたが現状にとどまってきた理由をさかのぼっていけば、「君には、このくらいが妥当だ」と、誰かがあなたに教えたからです。「そんなに高望みするものじゃない」とか、「人間は何事もほどほどがいいのだ」とか、あなたは親や学校の先生から、たえず吹き込まれてきたはずです。「君には無限の可能性があるのだから、とことんやれば必ずできるよ」、そう教えてくれた人がかつていたでしょうか。

つまり、それが、あなたの態度を決定しているわけです。

夢を実現しようとするあなたの頭を押さえつける存在を、**ドリームキラー**といいます。あなたが自分の夢を共有してもらいたくて話すと、それを聞いた人は、何らかのタイミングで必ずドリームキラーに変貌します。あなたは、相手が放つネガティブな言葉で、心を乱されてはならないのです。

人生のゴールは、そっと自分だけのものにしておきましょう。それを伝えてもいいのは、ルー・タイスや私の指導を受けたコーチングの専門家にかぎるということです。

ドリームキラー

③情動

人生のゴールを設定するさいに、情動はとても重要です。

自己啓発系のセミナーでは、よく講師が「目標を設定し、自分のミッションをはっきりさせましょう」と話していますが、そのとおりにしても強い感情が湧きあがることはまずありません。

たとえば、「世界中からお客さんがやってくる、一流の料理店をつくる」ことを目標にし、「すべてのお客さんに、憩いと寛ぎとサプライズを提供する」というミッションを掲げた人がいたとします。たしかに、その目標を達成した自分をイメージすれば、楽しい気持ちになるかもしれませんが、どことなく気が抜けたビールのような味気なさも感じるのではないでしょうか。

理由は、自分がどれほどうれしいか、自分がどれほどわくわくするかという視点から、目標を導き出していないからです。ビジネスとして料理店を成り立たせることが優先され、それに合わせて目標とミッションが出てきているのです。その半面では、本当に自分がやりたいことは何かという点が、まったくないがしろにされています。

ゴールを実現する将来の自分の姿に強い情動を感じなければ、目的的志向も働いてはくれません。情動がなければ、ゴールに向かう情熱も湧いてはきません。

じつは、目的的志向が働くときは、ゴールを実現する自分の姿がいまの現実よりもリアルに感じられている、という状態が脳の中に生まれています。

この点を、少し説明しておきましょう。

先ほどの例でいえば、一流のギタリストになるという強い願望を持つ中学生は、自らに対する認識として、どこにでもいるありふれた中学生というゲシュタルトと、一流のギタリストというゲシュタルトが共存しています。

しかし、人間というものは、自分に対するゲシュタルトをひとつしか持つことができません。ありふれた中学生でもあり、一流のギタリストでもある、という分裂したゲシュタルトは持つことができません。

そのため、その中学生の脳は、**より強いリアリティを持つほうのゲシュタルトを自動的に選択**します。本人が意識する、しないにかかわらず、脳の情報処理として、その選択が行われるのです。

結果として、中学生が何としても一流のギタリストになりたいという願望を持っていれば、その将来のイメージのリアリティが勝ることになります。そして、無我夢中で練習をつづけ、将来、文字どおりギタリストになってしまいます。

逆に、自分はありふれた中学生だという自己認識に、より強いリアリティを感じていれば、そのゲシュタルトが選択され、そのうちに一流のギタリストになる夢そのものを忘れてしまいます。大人になって、「そういえば、ギタリストになりたくて夢中でギターの練習をしたこともあったなあ」と、子ども時代のことをふと懐かしく思い出すのは、過去に行われたゲシュタルトの選択の名残りです。

このように、人間はよりリアルに感じているほうのゲシュタルトを選択し、それに合致した行動をとります。とすれば、**あなたは人生のゴールをリアルに感じなければなりません。ゴールを達成した自分というゲシュタルトを、脳に選択させなければならないからです。**

ゲシュタルト
×
リアリティを持つ

人生のゴールのイメージに情動を結びつけることは、とても大切です。ルー・タイスも、こう指摘しています。

頭の中のビジョンや理想、目標、あるいは将来を、今の現実より強力でリアルにしたいと思うなら、感情の力を使うことが必要です。

よりうまく目的的志向を働かせるには、いくつかコツがあります。
ルー・タイスは、目的的志向を身につける8つの原則を挙げましたが、それを日本人的な感覚にアレンジして紹介してみましょう。

目的的志向の原則①
行動を起こす前に心の準備を整える

心の準備とは、人生のゴールのイメージに自分をなじませることです。

ルー・タイスがいうように、すべての意味ある永続的変化は内から始まり外に広がっていきます。変化は、頭の中での想像に始まり、その後に、現実世界に広がっていくということです。

人生のゴールを達成したときを想像してみてください。

そのときのあなたは、現状のコンフォートゾーンとはまったく異なる、遠く離れたコンフォートゾーンにいます。**コンフォートゾーンとは、心地よく感じ、ごく自然に行動や思考ができるゾーンのことです。**

ゴールを達成したときのあなたは、たとえばお茶を飲むときも、駅前の喫茶店ではなく、たいへん高級な会員制クラブのラウンジで飲んでいるはずです。また、そのラウンジで日常的に情報交換する相手は、大企業の重役だったり、中央省庁や外国大使館の然るべき人物だったり、ニューヨークタイムズやヘラルドトリビューンといった海外紙の日本支社長だったりする可能性があるはずです。

つまり、ゴールを達成したあなたにとって、そういう場所や環境こそが、一番快適で自然にふるまえる新しいコンフォートゾーンになっているわけです。

いま、現状のコンフォートゾーンにいるあなたは、この新しいコンフォートゾーンにいる自分のイメージに、強いリアリティを与えることができますか？「そんな自分の姿を考えるのは、なんだかこそばゆい」と感じるのではないでしょうか。もし、そう感じるなら、あなたがまだ新しい自己イメージを獲得していないことが原因です。

目的的志向を働かせ、ゴールを達成するには、まずその状態を解消しなくてはなりません。現状のコンフォートゾーンから抜け出し、イメージとしてゴールに合致するまったく新しいコンフォートゾーンを獲得する必要があります。そして、まずは、その新しいコンフォートゾーンで快適にふるまう自己イメージをつくりあげるのです。

間違えてならないのは、**行動することではなく、自己イメージをつくることが先にくる**という点です。

たいていの人は、人生のゴールを達成するために、先に行動を起こそうとします。すぐに行動を起こそうとすれば、新しい自己イメージを固められないまま、新しい状況に飛び込むことになります。

すると、「どうすればいいいか」ばかりを求めるようになり、その古いアティテュードが、ゴールの設定を「理想的な現状」の範囲の中に小さく押しとどめてしまいます。このような状態では、目的的志向が働いてくれるはずもありません。

新しい自己イメージを獲得するために、最初に準備をしてください。人生のゴールを達成したときに自分がいる場所、自分が身につけている能力やスキル、話をする相手、立ち居振る舞い、態度などをひとつひとつ想像しましょう。

そして、その新しい自己イメージに、強いリアリティを感じるようにしてください。

目的的志向の原則②　イメージの中の現実を変える

テレビのCMが、どのような狙いで制作されているか、ご存知でしょうか。

ルー・タイスがよく例に挙げる**新車のCMは、古いクルマに乗っているあなたに、強烈な不満を抱かせるのが一番の目的です。**

たとえば、新車のＣＭでは、カメラが運転席の背後に回り込み、エレガントな運転席とフロントガラスの向こうに広がる美しい景色を映し出します。助手席に座った、妻らしい美女はこちらに向かって笑いかけ、ときには後部座席から毛並みのいいブランド犬が顔を覗かせます。

新車のＣＭに描かれている世界観は、ほとんどの日本人の生活から、およそかけ離れています。

当然、あなたは、自分の境遇と古いクルマに強烈な不満を抱くことになります。とびきり美人の妻がいるわけではないし、ブランド犬が似合うような恵まれた住宅に住んでいるわけでもありません。まして、ドライブに出かけても、ＣＭの映像にあるような絶景に出会う機会はほとんどありません。

ところが、ＣＭは、新車さえ買えば、そのすべてが手に入るかのように錯覚させます。ＣＭを何度もくり返し眺めているうちに、あなたは頭の中に、新車を手に入れた新しい自分のイメージを刷り込みます。

そして、あなたは自分の現状（古いクルマ）に我慢ならなくなります。それが、

「誰が何といおうと、新車を買うぞ」という決断を引き出すのです。

ＣＭに消費を煽られるのは馬鹿げたことですが、この方法は、じつは人生のゴール達成のために利用することができます。

ルー・タイスは、ずばりこう述べました。「**ゴールを設定するのは、頭の中に自分バージョンのＣＭを制作するようなものだ**」と。

どうするかといえば、ゴールのイメージの中に、いまの現実とはまったく異なる〝あなたが望む現実〟を精緻に組み込み、現状に対する不満を意図的に高ぶらせるのです。すると、あなたの潜在意識は、もはや片時も現状に我慢することができなくなり、「誰が何といおうと、ゴールを達成するぞ」と考えるようになります。

ゴールと現状とのあまりに大きな不一致が、問題解決やゴール達成に必要な創造的エネルギーを生み出すのです。

たとえば、ゴールを達成したあなたがお茶を飲むのは、会員制高級クラブのラウンジでなければならないとします。あなたがそこで腰かけるのは、手入れの行き届いたイタリア製の革張りソファ、ウェイターが運んできたコーヒーの器は美しく磨かれたマイセン、コーヒーはモンドセレクションで金賞に輝いた採水地のミネラルウォーターで淹れられています。

ところが、現状のあなたがお茶を飲むのは、せせこましい駅前地下街の喫茶店です。椅子は硬くて座り心地がよくないし、あまりにもまずいコーヒーが出てくるため、使い古された器に文句をいう気も起きません。

「ここは、私にはふさわしくない。私は間違った場所にいる」

自らにこう語りかけ、ゴールのイメージでお茶を飲む自分の姿を思い浮かべます。そうやって、ゴールを達成した自分のイメージを、自分バージョンのCMとして刷り込み、もう我慢できないと居ても立ってもいられないほどの強いビジョンを持つわけです。

新しいイメージを強く視覚化すると、人間はそれまでの古いイメージに不満を覚えます。不満は、欲求の源泉であり、その欲求は、あなたに必ず成長をもたらします。目的的志向が、欲求に合致した、新しい環境を手に入れるよう、あなたを衝き動かすからです。

ゴールのイメージ

目的的志向の原則③
目標の設定は「そこまで」ではなく、「その次」を考える

目的的志向をよく働かせるためには、近くのゴールではなく、遠いゴールが必要です。

ちょっと考えると、この原理はすぐに理解できます。

たとえば、わりと簡単に達成できる、近くにある目標が人生のゴールだったら、何もいま、しゃにむにゴールに向かって突き進む必要性がありません。興味の向くままあれこれ手を染めて、適当に道草をくっても、ゴールを達成できると考えるからです。そのため、人間は往々にして、**何も達成することのない人生を送りがちです。**

これがとても遠くにあるゴールなら、そうはいきません。片時も時間を無駄にできないと思い、ゴール達成に必要なことだけに集中しようとするはずです。その結果、「よくこれほど大きなことができたね」と周囲の人々が驚くようなゴールを、一般に考えられているよりもはるかに速く、達成することができます。

ゴールを設定するときは、現状からできるかぎり遠く離れたところに設定しなさいと、

ルーと私は教えてきました。

この場合も、やはり原理があります。

たとえを使えば、これは輪ゴムの原理と同じです。

現状のあなたとゴールとに輪ゴムをかけたとすると、両者の間に距離があればあるほどゴムは緊張し、引っ張る力が強くなります。引っ張る力が強くなれば、ゴールは自ずと達成しやすくなります。

ゴムの緊張を強めるには、いうまでもありませんが、ゴールをより遠くに設定することです。つまり、**ゴールをより遠くに設定すれば、目的的志向はよりうまく働き、あなたがゴールに向かうエネルギーも増していきます。**

さて、人間の成長には、「そこまで」という限界がありません。

ゴールに向かうエネルギーを絶やさなければ、人間は生きているかぎり成長することができます。成長することは生きる最大の喜びですから、「これで十分だ」として次を望まなければ、なんとつまらない人生に急変するでしょうか。

人生を最後まで楽しむために、ゴールの達成が見えてきたら、「その次」のゴールを考えましょう。

輪ゴムの原理が示すように、ゴールが近づいてくると、ゴムの緊張は緩み、あなたをゴールに引っ張る力は弱まっていきます。ですから、ゴール達成まで「その次」を考えないという態度ではいけません。**ゴールの達成が見えてきたら、より遠いところに「その次」のゴールを設定してやる必要が生まれます。**

そして、新たに自己イメージの変革に取り組み、できるだけ遠いゴールのリアルなイメージを自らに刷り込むのです。

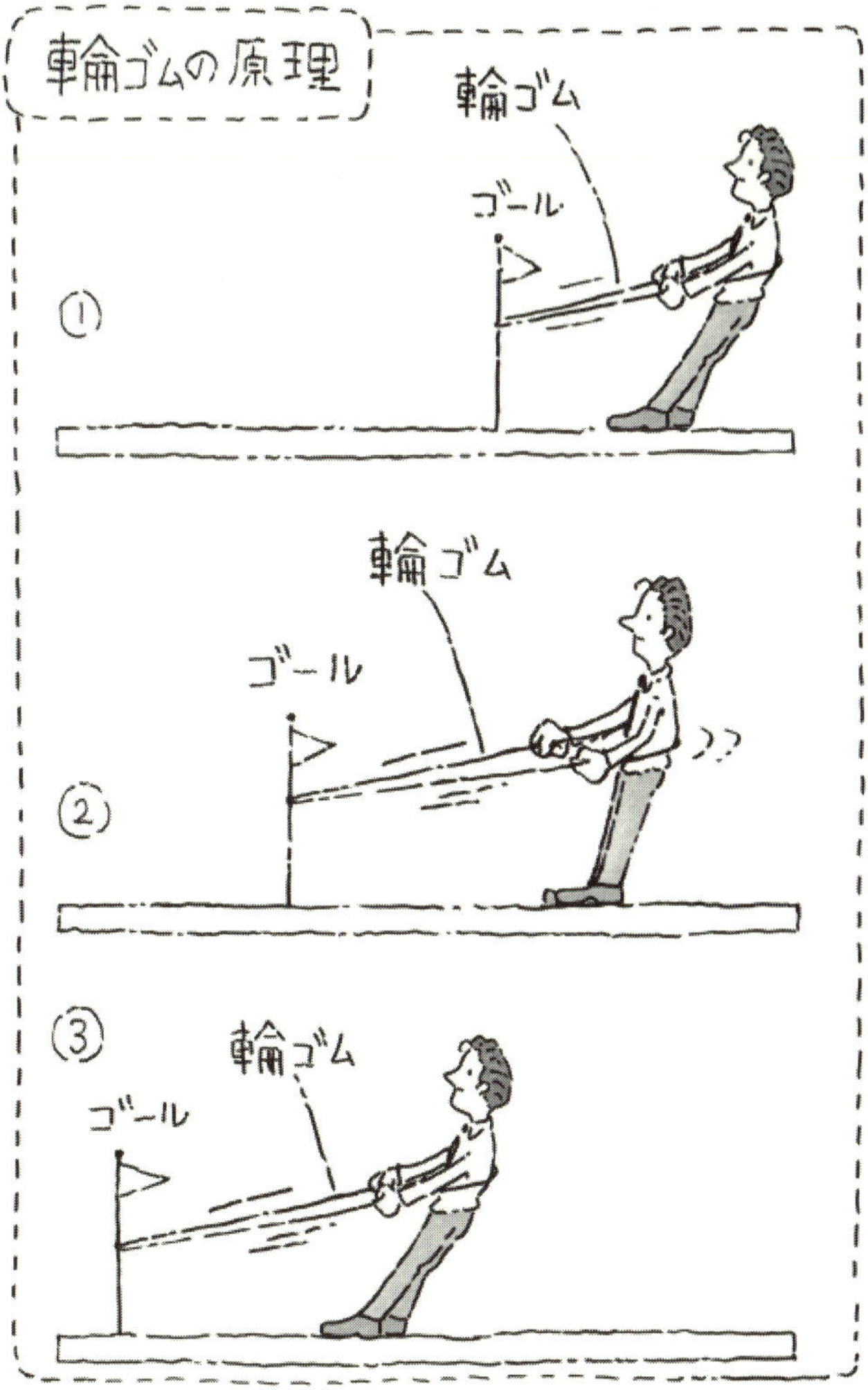
車輪ゴムの原理
輪ゴム
ゴール
①
輪ゴム
ゴール
②
③
輪ゴム
ゴール

目的志向の原則④
普通ではないことを普通にする

ゴールを達成したときの将来のあなたは、現状のあなたがふつうではないと思うようなことをしています。

ルー・タイスは、自分たちが行った盛大な結婚記念パーティーの例をよく挙げました。

そのパーティーは、1500人を招いて2日がかりで行われ、18のビール樽と数えきれないほどのワインボトルが空になるという家族イベントです。食べ物はテーブル料理のほかに、ローストポーク、チリ、ポップコーンなどが屋根つきワゴンの屋台によって提供されました。集まった人々は、かけつけたカントリー歌手や地元ミュージシャンの歌と音楽を楽しみ、ラバ乗りやマスケット銃の射的といったアトラクションに興じるのです。

夫婦の結婚記念日を祝うこのようなお祭り騒ぎは、それ以前のルー・タイスにとって、やはりふつうのことではありませんでした。お金をかければたくさんの余興を用意することはできますが、だからといって招待客が心から楽しんでくれるという保証はありません。そこで、たいていの人は、「つまらないバカ騒ぎだった」と評価されるリスクを恐れて、「いつもどおり、小ぢんまり無難にやろう」と考えてしまいます。

しかし、ルーと妻のダイアンは、新しいことをしたいと考えました。そして、「こんなことをやりたいね」という項目を思いつくままに挙げていきました。

そこでルーとダイアンがやったことは、「こんなことは、ふつうではない。みんなも楽しいとは思わないよ」と、これまでなら否定的に考えた内容を、「いいね、わくわくするよ」と肯定することでした。そして、「みんながリラックスして、楽しんで、盛り上がるところが目に浮かぶようだ」と、アイデアを視覚化していきました。彼らの頭の中に生まれたリアルなイメージが、ふつうでないことをふつうにやること、つまり盛大なパーティーの成功に結びついたのです。

現状の自分にとってふつうではないことも、それを肯定するアファメーションを行い、成功したときのイメージを強く思い浮かべることによって、ふつうにできることに変わ

ります。

つまり、いまのあなたにはほど遠い、冒険的なライフスタイルも、エキサイティングな事業も、それを内的な経験としてリアルに強くイメージし、その経験を潜在意識に刷り込んでいくことで、ふつうに実現できることになります。目的的志向を働かせるためには、内なる現実のイメージを変えてやることが、とても重要なのです。

目的的志向の原則⑤
機会を逃さず、自分に逃げ道を与えない

人生のゴールを設定すれば、必ずそこに責任とリスク、そして自らに対する制約が生まれます。

一般に目標は、それが高ければ高いほど、達成のためにやるべきことの水準も高くなり、それをやりつづけるのは無理だという考えに傾きがちです。そこで、「分不相応な目標は立てないほうがいい」とか「はじめのうちはハードルを低くしておくほう

がいい」と考えてしまいます。

また、現状の外側にある、可能なかぎり遠くのゴールを設定し、ゴール達成のための決断を行ったときも、「本当に、こんなに大それたことをして、よかったのだろうか」と不安に思う人がいます。たとえば、どのクルマが欲しいかを決め、代金を支払い、書類にサインをし、そのクルマが自分のものになったとたんに、「こんな高価なクルマを買って、失敗したんじゃないだろうか？」と考え始めるわけです。

これは、いずれの場合も、自分の選択と行動に逃げ道を与え、責任を回避しようとする無意識の反応です。リスクと責任を負いたくないという気持ちが、「分不相応な目標は……」や「こんなクルマを買うなんて……」という**ネガティブなセルフトーク**を生み出します。

その結果、あなたはせっかくの機会を逃してしまいます。

この「**機会**」とはなんの機会でしょうか？

ずばり、**目的的志向を働かせ、自らを成長させる、大きなチャンス**のことです。

そうしないためには、**人生のゴールをポジティブに肯定するようセルフトークをコン**

トロールしなくてはいけません。自らに対して、「こんな決断ができる私は、すごいやつだ」と語りかけるのです。

物事を複雑に考える癖がついている人は、「私はすごいやつだ」という言葉がいかにも陳腐で浅はかなセルフトークに聞こえるかもしれません。そういう人は、曖昧な形で責任とリスクを回避するほうが、知的で高尚なことのように錯覚しているのではないかと思います。たとえば、「自分が大したやつかどうかよりも、自分のポジションを守り、不利益を被らないようにすることが先決だ」というように。

しかし、責任とリスクを回避しようとする意識が働くとき、その人のエフィカシーはものすごく下がってしまいます（エフィカシーについては5章でくわしく説明しますが、ここではとりあえず「自負心」と考えておいてください）。

じつは、エフィカシーほどゴール達成に必要なものはありません。

その証拠に、**「自分はたいした人間だ」というエフィカシーを持っていない人は、自らの潜在能力を少しも引き出すことができません。**じっさい、仕事でもプライベートでも、大きなことをやり遂げられる人間というのは、学歴や計算高さ、知識の豊富さ

GOAL
エフィカシー

よりも、**「私にはできる」というエフィカシーが高い人**なのです。

それでも、あなたは、「決断して失敗したときは、どうすればいいのか」と悩むかもしれません。

じつは、**人生のゴールを設定した人に、失敗はありません。想像どおりの結果が出ないときも、人生のゴールに向かって歩んでいる以上、それは失敗ではないのです。**

そのときは、「私らしくなかった。でも、いい勉強になった」と考えればいいだけです。そして、次に同じことが起こったときにどういう決断やふるまいをすればいいかをリアルにイメージし、内なる現実を変えていけばいいのです。

ルー・タイスは述べています。

「私たちは、自分が考えるものに向かい、自分が考える人物になる」

ゴールを設定し、ゴールに向かう自分を肯定したら、おかしな逃げ道を自分に与えてはいけません。逃げ道を用意するネガティブな気持ちは、あなたの潜在意識を動かして、あなたの目的的志向を働かなくさせてしまいます。

目的的志向の原則⑥
自分の価値にふさわしいものを選ぶ

人生のゴールを達成した自分をリアルにイメージすることは、将来の自分の価値を決め、その将来の自分にいま慣れるということです。

したがって、人生のゴールを設定したあなたはその瞬間から、ゴールを達成した将来の自分にふさわしいものを選び、その基準に慣れていかなくてはなりません。

たとえば、あなたが会社の仕事で大きな成果を上げたとします。すると、会社はあなたに期待をかけ、もっと大きな仕事を任せます。

そのとき、「チャンスかもしれないが、立てつづけに大成果を上げられないかもしれない」と考えると、成果を上げつづけることは難しくなることでしょう。なぜかといえば、そのセルフトークは、「私は、いつも大きな成果を上げつづける能力はないかもしれない。あまり大きな期待をかけないでほしい」と語りかけているに等しいからです。

ゴールを達成した将来の自分なら、このようなセルフトークを行うはずはありませ
ん。「この程度の成果は、私にはふつうのことだ」とか、「周りがもっと驚くような成
果を、どんどん上げてやろう」と考えるでしょう。

このように、**人生のゴールを達成した自分の価値にふさわしい考え方をすることは、とても重要です。**それがエフィカシーを上げてくれますし、エフィカシーが上がれば、モチベーションも勝手に上がってくれます。そして、あなたがそういう状態になっていれば、潜在意識は創造性を発揮し、目的的志向を働かせてもくれます。

ルー・タイスは、将来の自分にふさわしい価値を決めるために、自分の身の周りを眺めてみなさい、といいます。あなたの服装、職場、家、庭などを見回していけば、あなたが何を当たり前のことだと受け止めているかがわかります。

たとえば、職場のデスクは、ゴールを達成した将来のあなたが使うにふさわしいデスクでしょうか。仕事から帰って疲れをとる風呂のバスタブ、あるいは明日の活力と

健康を取り戻すための寝具は、将来のあなたにふさわしいでしょうか。

ふさわしくないものばかりに囲まれ、まだ身の周りには影も形もないふさわしいものもたくさんあるはずです。

すべてのふさわしいものに囲まれている自分を想像し、その基準を頭の中に刻み、それらがそろった状態に慣れ親しみましょう。すると、あなたは現状に不満を覚えるようになり、潜在意識はあなたをゴールの達成へと駆り立ててくれます。

目的的志向の原則⑦ ゴールに向かって成長する

あなたが達成する人生のゴールに、そもそも限界は設けられていません。どんなに遠く、手が届かないようなゴールでも、あなたがそれを心から達成したいと考え、信じていれば、いずれ実現してしまいます。

すでにお話ししたように、人生のゴールを遠いところに設定すればするほど、人間はそのゴールに向かって引っ張られていきます。ゴールは遠ければ遠いほどいいわけですが、遠くに設定してくださいといっても、最初はなかなか思いつかないに違いありません。

そこでまず、**いまの自分には大きすぎると思うようなゴールを設定すること**から始めましょう。

このときに、現実主義になって考えてはいけません。現実主義というのは、自分の能力を実際よりも低く見積もる考え方です。10の能力があれば8や7を目標にし、10を超えるような目標はいっさい想定しない態度のことです。現実主義の考え方を受け入れると、あなたはつねにじっさいよりも少ない果実しかえられなくなります。

では、目標はどれくらい大きければよいでしょうか。

ルー・タイスはよく、**桁をひとつ上げること**をヒントにするようアドバイスしました。たとえば、ふだんのランチが600円なら、6000円のランチを食べる。1万円の靴を履いているなら、10万円の靴を買う。300万円のクルマに乗っているなら、3000万円のクルマを買う……。

ゴールの設定方法
10,00
（桁を上げる）
PEACE
（抽象度を上げる）

具体的な数字から、大きな目標を考えていく方法です。
これはわかりやすい方法ですが、もうひとつうまい方法があります。

ゴールの抽象度を上げるやり方です。

これは、年収1億円というような具体的なゴールをつくるのではなく、自分が本心から望むやりたいことを、抽象度の高い形で描きます。

たとえば、「世界中の人々に安全な食料を提供し、喜んでもらう」、あるいは「エネルギー問題を解決し、核のない世界をつくる」など。

「世界から戦争と差別をなくす」という私のゴールも、そのひとつです。

もちろん、抽象度の高いゴールを達成した将来の自分は、世界中の人々から評価され、業績にふさわしい社会的地位と収入をえられる存在になっています。具体的に収入がいくらと計算することはできないでしょうが、かなり大きなゴールを描き、それを達成した将来の自分のイメージを膨らませていくことができるはずです。

大きなゴールを掲げることができたら、それに向かって自分を成長させていきます。

「私にはできる」と刷り込み、信じることで、あなたの成長は加速していきます。

目的志向の原則⑧ リソースについて心配しない

人生のゴールを設定するさいには、それを達成するためのリソース（資源）のことを考えてはいけません。

「リソースがなければ実現のしようがない」と考えるかもしれませんが、あらかじめリソースを考慮に入れる必要はないのです。なぜなら、ゴールを設定すればスコトーマが外れ、いままで見えなかったリソースの在り処が見えるようになるからです。

「ゴールを定めさえすれば、認識することができる」

ルー・タイスのこの言葉は、地域の公園のゴミ拾い競争に参加するだけでその正しさがわかります。拾いたいゴミとして、リストに馬鹿げたもの、たとえば歯ブラシ、眼鏡、ズボンのベルトなどをあらかじめ挙げておくと、それが目に入ってくるのです。

ルーは、こんなエピソードも披露しています。

私が自分の牧場でロデオ大会の催しを始めたとき、シアトルにいるスタッフに企画を任せました。最初、彼らはブラーマン種の牡牛、カウボーイ、ロープ持ち、その他必要なものをどこで見つけたらよいのか、まったくわかりませんでした。しかし、一度電話をかけ始めると、ロデオカウボーイも牡牛も、あらゆるところにいることがわかりました。そんなにたくさんいることを知らなかっただけなのです。最初は、一人のカウボーイも知りませんでした。

その後、私が「オーストラリアにビジネスを広げる」と言ったときの反応は、「オーケー、たいしたことじゃない。シアトルでロデオ用のブラーマン牡牛を見つけられるなら、オーストラリアでビジネスを見つけることだって絶対にできるよ」というものでした。

はっきりと強く人生のゴールをイメージすることができれば、ゴミ拾い競争で歯ブラシや眼鏡、ベルトを見つけたり、初めてのロデオ大会でカウボーイやブラーマン牡牛を見つけたりするのと何も変わりません。あなたのゴールに対して、周りの人が「どこで資金を調達するんだ?」「売り込み先はどこにあるんだ?」と訊ねてきたら、「どこかで」とだけ答えていればいいのです。

人間の知覚能力にはもともと限界がありますが、ゴールを設定しなければ、さらに制限されることになります。そして、ゴールを強くイメージしなければ、目的的志向は働かなくなり、さらに認知能力が閉ざされます。

すべてのカギは、ゴールの設定と、ゴールを実現した将来の自分を強くイメージすることにあるのです。

第5章

あなたをゴールへ導くメカニズム

マイケル・フェルプスはいかにして8冠王に輝いたか？

ルー・タイスの愛弟子の一人に、**マーク・シューベルト**という方がいます。

シューベルトさんは、その世界ではたいへんな有名人です。

シューベルトさんのことを紹介するときは、『冬の旅』や『白鳥の歌』など数々の名曲を残し、「歌曲の王」と謳われるフランツ・シューベルトが興味を引く話題です。彼は、このオーストリアの大作曲家の末裔なのです。

ただ、私が彼のことを「有名人」というのは、このことゆえではありません。じつは、シューベルトさんはアメリカが生んだ驚異的なオリンピック水泳選手、**マイケル・フェルプスのコーチ**を務めた人なのです。

ご存知のように、フェルプス選手は15歳でシドニーオリンピック（2000年）に出場し、200メートルバタフライでいきなり5位に入賞しました。その後も国際大会で驚異的な成績を収め、2008年に行われた北京オリンピックでは、前人未到の金メダル8冠王に輝きました。

シューベルトさんがフェルプス選手のコーチに就いたのは、彼がまだアメリカ国内の有望選手の一人にすぎなかった13～14歳のころのことです。それ以来、幼いフェルプス少年に、目標達成のためのコーチングが施されました。オリンピック連戦連勝のフェルプス選手の実力は誰もが認めないわけにはいきませんが、その実力を引き出したのがシューベルトさんのコーチングだったわけです。

シューベルトさんはオリンピック出場を決める以前の彼に、自らの成功イメージを徹底的にビジュアル化するようアドバイスしました。彼がまだ、年齢別の全米水泳でトップにも立っていなかったころのことです。

フェルプス選手は毎晩ベッドに入ると、天井のあたりを見つめ、そこにオリンピックの決勝戦で泳いでいる自分の姿を描きました。いや、念じた、といったほうが正確かもしれません。決勝戦の出場メンバーは誰で、自分はどのコースを泳ぎ、どのように一番のライバルに競り勝って優勝するのか。そうした具体的なイメージを、強く思い描いたのです。

フェルプス選手は、出場イメージを脳裏に焼きつけながら眠りにつくのを日課にしました。その習慣は、2012年のロンドンオリンピック後もずっとつづいているはずです。

また、オリンピックで競う自分の姿をイメージするときは、同時にセルフトークを行っていたことでしょう。たとえば、「私はすごい選手だ。もうこんなに2番手を引き離している」とか、「泳いでいるときは、最高の気分だ」などです。

ゴールを達成した自分の姿を強く思い描きながら、そのときに達成していることを自分に語りかけるのがアファメーションです。

いったい、アファメーションのどこに、ゴールを達成させる力が隠されているのでしょうか。

目的的志向があなたをゴールへ導くメカニズム

アファメーションを自在に使いこなすためには、**アファメーション、エフィカシー、**そして**ゴール**という3つの関係を理解することが大切です。

アファメーションはゴールを達成するための技術である、と受け止めている人がいます。

「ゴールを達成するために、アファメーションを毎日欠かさずにつづけています」

彼らは決まって、こんなことをいいます。

たしかに、アファメーションはゴールを達成するために必要な技術のひとつですが、あなたをゴールに導いてくれるのは**目的的志向**です。そこで、脳にゴールのイメージを刷り込むことがいかに大切かという話を、私は4章で紹介しました。

では、アファメーションは、何をするために行う技術なのでしょうか。

じつは、これが、セルフトークとアファメーションが決定的に異なる部分です。

セルフトークは、使い方次第で見えなかったものを見えるようにする技術ということができます。

たとえば、朝目覚めたときに、「今日は、ツキがある。きっといい一日になるぞ」

というセルフトークを行うと、その日は一日、いいことばかりが起こります。なぜかといえば、そのセルフトークがブリーフになり、そのために悪い出来事はスコトーマがかかって見えなくなり、いいことだけが目に入るからです。

あなたの目標がいい一日を送ることであれば、目覚めたときのセルフトークひとつで、それを達成することができます。見えるものをコントロールすることが目標なら、セルフトークをうまく使うことで、いくらでも達成可能です。

しかし、達成したいことが人生のゴールとなると、単に見えるものをコントロールするだけではどうにもできません。

前章でふれたように、あなたが自動的にゴールにたどりつくように潜在意識を働かせるためには、現状のコンフォートゾーンを、ゴールを達成したときの将来のコンフォートゾーンに上げてやる必要があります。いまのあなたが将来のゴールのコンフォートゾーンをリアルに感じるからこそ、あなたは現状のコンフォートゾーンに満足できなくなり、無意識のうちにそこから抜け出し、ゴール達成にふさわしい選択と行動をとるようになります。

これが、**目的的志向があなたをゴールに導くメカニズム**です。

その意味で、**ゴールを達成する方法の中心は、いかにして将来のコンフォートゾーンを自分のものにするか**という一点に求めることができます。

つまり、ゴールを達成したときのコンフォートゾーンを、いまのあなたが強烈にリアルに感じ、同時にその高いコンフォートゾーンで自然にふるまう強烈な自己イメージを持つ必要があるのです。

高いエフィカシーと臨場感を獲得するには？

では、アファメーションは、ゴールの達成にどう絡んでいる技術なのでしょうか。

じつは、現状のコンフォートゾーンをゴールの世界にふさわしいコンフォートゾーンに上げるために必要なのは、**高いエフィカシー**と**強い臨場感**です。そして、**アファメーションはこの2つのものを、誰もが簡単に獲得するための技術**なのです。

まず、エフィカシーを高めることから説明していきましょう。

たとえば、いまのあなたが日本の代表者としてホワイトハウスに招かれ、オバマ大統領を向こうに回して交渉する姿を想像してみましょう。

ただぼんやり思い浮かべるのではなく、室内の匂い、敷き詰められたカーペットの感触、同席した米国政府高官たちの表情、高い天井を持つ会議室の広い空間、日本人の体にはサイズが合わないテーブルと椅子など、細部をできるかぎりリアルに感じるようにしてください。

あなたにとって、ホワイトハウスは行ったことも見たこともない場所かもしれませんが、とにかく、あなたがこれまで経験したことのない異空間を、念入りに想像してみましょう。その場所で、あなたは日本に不利な取り決めをしないよう、オバマ大統領に日本側の考えを伝えなくてはなりません。

席についで待っていると、オバマ大統領がやってきました。あなたは、大統領に最大限の敬意を払いながら初対面の挨拶を述べます。そして、かつてアメリカを旅したときの思い出などを織り交ぜながら、自分の人となりや今回の交渉に対する意気込みをさりげなく伝えます。

オバマ大統領は、表情を変えずに、あなたにこう促すでしょう。

「よろしい。では、日本の考えを聞こう。話してみたまえ」

それを合図に、あなたは無駄な言葉を一つもはさむことなく、順序立ててはっきりと考えを伝え、大統領の信頼を勝ちとらなければなりません。


交渉シーンに強いリアリティを感じれば感じるほど、あなたは緊張し、とても居心地の悪い気分になるはずです。そんな大役をいまこなさなければならないとしたら、うまくしゃべることも、自然な表情でいることも、椅子にきちんと座っていることも、何もかもできそうにない、と感じるのではないでしょうか。

その理由は、ホワイトハウスという場所も、オバマ大統領との交渉も、いまのあなたのコンフォートゾーンにはない場所であり、出来事だからです。

人間は、自らのコンフォートゾーンからはみ出たところに身を置くと、いつも当たり前にできることができなくなってしまいます。

たとえば、小学生のころ、初めての発表会で演壇に上がるときに、自分の足がまるで自分のものではないように感じ、うまく歩けなかった経験はないでしょうか。「いけない、自分のおかしな様子を見られている」と思ったとたんに、平坦な床で躓いたり転んだりした失敗もあったはずです。そのために発表はしどろもどろになり、自分が何をしゃべっているかもわからなくなってしまいます。

そのため、**人間は現状のコンフォートゾーンにない場所、機会、相手に遭遇すると、無意識のうちにそれらを遠ざけ、元々いたコンフォートゾーンに戻ろうとしてしまいます。**

現状のコンフォートゾーンから抜け出そうとしない人は、せっかく大舞台に上がるチャンスがあっても上がろうとしないし、パーティーで特別な有力者と話をする機会があっても話しかけようとしません。

そんなことをして冷や汗をかくよりも、会社で地味に仕事をしたり、行きつけの飲み屋で仲間と一杯やったりするほうがよほど快適だ、と考えてしまうわけです。

コンフォートゾーンを上げる
チャンス
①
現状のコンフォートゾーン
チャンス
②
高いエフィカシー
強い臨場感
現状のコンフォートゾーン

コンフォートゾーンを上げる方法

これではいつまでたっても、**人生は何も変わりません。人生を変え、ゴールを達成するには、現状のコンフォートゾーンではなく、ゴールの世界の高いコンフォートゾーンを自分にとって快適なゾーンになるようにしてやる必要があるのです。**

人生のゴールの世界のコンフォートゾーンは、いまだ現状のコンフォートゾーンに安住するあなたにとって、オバマ大統領との交渉の場のように居心地の悪いところです。

そこで、ゴールのコンフォートゾーンが自分にとって一番心地よいゾーンだと、脳に刷り込んでやらなければなりません。これが、私がいつもいっている「**自分のコンフォートゾーンを上げてやる**」ということの意味です。

この刷り込みがなければ、いくら人生のゴールを設定しても、あなたは無意識のうちに古いコンフォートゾーンに戻ろうとしてしまいます。古いコンフォートゾーンに戻れば、あなたは永遠に今日の延長線上のあなたでしかありません。実現できることといえば、精一杯努力し、運に恵まれても、「理想的な現状」が最高でしょう。

では、ゴールの世界の高いコンフォートゾーンを脳に刷り込むために、何をすればいいのか。

それはとても簡単なことで、**高いエフィカシーを持つこと**です。ゴールのコンフォートゾーンが自分に最もふさわしいと感じることです。

先に、私はエフィカシーを自負心という言葉で紹介しました。

そのほうがイメージを伝えやすいと考えたからですが、じつはTPIEではエフィカシーに対する訳語が決まっています。「**自己のゴール達成能力に対する自己評価**」がそれです。つまり、「私は高い能力を持っている」という本人の評価のことです。

エフィカシーは、他人の評価ではなく、**自己の評価**というところがミソです。自分で自分を評価するのですから、あなたはいますぐにでも、高いエフィカシーを持つことができます。「私は高い能力を持っている」と決めるだけでいいし、そのときのエフィカシーの高さは制限なく上げることもできます。

エフィカシーが十分に高い人ならば、本心からこう思うでしょう。

「私は、オバマ大統領と寛いでどんな交渉でもできる、すごい人間だ」

もしも、**あなたがいますぐに高いエフィカシーを持つことができないとしたら、それはあなたが、「君は、このくらいの能力の人間だよ」という他人の言葉を受け入れてきたからです。**本当のあなたは、何でもできる、素晴らしい能力を持った人間なのに、他人の言葉を受け入れてしまったがために、自分の能力を限定したものとして認識しているのです。

この他人の言葉の呪縛を解き、エフィカシーを高めるために必要なものが、アファメーションなのです。「私は、たいした人間だ」「私にはできる」という内容のアファメーションを行うことによって、毎日、エフィカシーを高めていくようにするのです。

エフィカシーが高まっていけば、コンフォートゾーンを上げることができ、ゴールのコンフォートゾーンがいまのあなたにとってごく当たり前のコンフォートゾーンになっていきます。

すると、あなたはあらゆる点で、ゴール達成にふさわしい選択と行動を行うようになってなり、無意識のうちに古いコンフォートゾーンに戻ろうともしなくなるのです。

脳は強い臨場感を「現実」と認識する

さて、次は**臨場感**についてです。

いまのあなたのコンフォートゾーンを、ゴールのコンフォートゾーンに上げるためには、ゴールを達成したときの自分と、そのときに目の前に広がっている世界に対して、強烈なリアリティを感じている必要があります。強いリアリティがなければ、ゴールのコンフォートゾーンは単なる絵に描いた餅にすぎません。あなたがリアルに感じていないものを、いったいどうすればあなたが手にできるでしょうか。

ルー・タイスは述べました。

「**想像が現実になる**」と。

想像したものを実現するためには、単に空想するのではなく、想像に強烈なリアリティを与えてやる必要があります。さもなければ、目的的志向は働いてくれず、ゴールの世界もけっして実現してはくれません。

想像に強烈なリアリティを与えるのは、臨場感です。

私たちはあまり深い考えなしにこの言葉を使いますが、認知科学の分野では、臨場感はきわめて重要なキーワードのひとつです。

その理由は、**人間の脳は臨場感の強い世界を現実と認識する**からです。

たとえば、映画を観ているとき、私たちはスクリーンに映し出された世界に強い臨場感を感じます。そのとき、脳は、スクリーンに映し出された世界を現実だと認識しています。それゆえに、ただのつくりものの世界を観ているだけなのに、手に汗を握ったり、思わず「あっ！」と叫んだりといった生理的反応を起こすわけです。

映画を観ているときの物理的な現実世界は、たとえば隣にかわいい女の子が座っているとか、床にポップコーンが散らばって汚いといったものでしょう。ほとんどの人は、こちらのほうが現実だと考えるでしょう。

ところが、いっぽうに物理的な現実がありながら、脳は、映画を観て手に汗握るという生理的反応を起こしています。映画の世界が現実ではないと認識しているなら、なぜ脳がこのような反応を起こすのか、合理的な説明がつきません。

じつは、脳が現実だと認識する情報は、物理世界にかぎられていないし、その情報が嘘か真かという区別もありません。では、脳が何をもって現実と認識するのかといえば、**一番臨場感の強いもの**なのです。

映画館の場合は、**映画館という物理世界よりも、スクリーンに展開する情報世界のほうに、より強い臨場感を感じていれば、脳はそれを現実として受け止めます。**だから、手に汗を握ったり、叫び声を上げたりという反応が起こります。同様に、小説を読みふけり、物語により強い臨場感を感じていれば、目の前に急ぎの仕事が山積みにされていても、脳にとってそれは現実ではないのです。

このように、**人間は、自らが一番強く臨場感を感じている世界を、現実として選びとり、現実として認識します。**逆に、たとえ目の前で起こった大事件であっても、それ以上に強い臨場感を感じている世界があれば、大事件は現実として選択されないし、現実として認識もされません。

これが認知科学のひとつの到達点です。

つまり、人間は、一番臨場感の強い世界を選びとって生きているのです。

これはとても重要な理論で、高いコンフォートゾーンを獲得しようとする場合にも適用することができます。**いま強い臨場感を持っている現状のコンフォートゾーンよりも、さらに強い臨場感をゴールのコンフォートゾーンに与えてやれば、脳は自動的にそれを現実として選択する**ということです。

―臨場感の強い世界を現実と認識する―

ゴールのコンフォートゾーンの臨場感を絶えず強化する

ゴールのコンフォートゾーンに強い臨場感を与える方法として、アファメーションは簡便で、効果的な方法です。

私は1章で、人生のゴールは漠然としたものでいいのだ、と述べました。現状の外側に設定するゴールというのは、つねに最初は曖昧模糊としているものだからです。漠然としたゴールのイメージを映画のように精緻につくり込むことはできませんから、ゴールのコンフォートゾーンもまた、それがどれほど高いものか簡単につかめないに違いありません。

人生のゴールを設定することのできた人でも、その場ですぐわかることといえば、将来とても高いコンフォートゾーンに身を置くことになるということくらいではないでしょうか。

とすれば、**あなたに必要なことは、ゴールのコンフォートゾーンの臨場感を、不断に**

上げていくというプロセスです。そうやって臨場感を絶えず強化し、同時にコンフォートゾーンそのものも、よりゴールにマッチするよう上げていくのです。

アファメーションのつくり方は後ほど説明しますが、たとえば、夜、床についたとき、朝目が覚めたとき、あるいは通勤電車に揺られているときなどに、人生のゴールを強く思い描きながら、自らつくったアファメーションの言葉を自分に語りかけていきます。

アファメーションは、あなたのゴールのイメージを明快で鮮明にしてくれる効果も発揮します。

たとえば、あなたが心からやりたい仕事に取り組んでいる姿、顧客が感動する精力的な仕事ぶり、新しいビジネスパートナーと熱心に交渉するさま、希望する事業の拡大に取り組んでいる様子、ゴールを達成したときのあなたには、さまざまなシーンが待ち受けています。

プライベートでも、たとえば会員制クラブのラウンジでとる休息、仲間たちと開くホームパーティー、家族とともに行く海外への船旅など、たくさんのシーンがあるはずです。

実現したいシーンの数々を強く思い浮かべ、アファメーションによって、その臨場感を強めていきます。

始めてしばらくの間は強い臨場感をえられなかったとしても、あきらめずに毎日、アファメーションをくり返してください。個人差はあるかもしれませんが、1カ月か2カ月ほどで、臨場感の高まりを実感できるようになります。

そして、これからの長い人生においてアファメーションを毎日の日課とし、欠かすことのない習慣にするのです。

ゴールのコンフォートゾーンを脳に選択させる

以上に見てきたように、**アファメーションは、ゴールのコンフォートゾーンをあなたの脳に選択させるための技術**です。

この方法をつづけていけば、あなたがとるすべての選択と行動は、ゴールの世界の高いコンフォートゾーンにもとづいたものに変わっていきます。

じつは、これが人間の成長というものです。

ずいぶん会わなかった昔の仲間に久しぶりに会ったとき、相手が社会的に成功し、いかにも落ち着き払った態度を身につけていたら、あなたはどのように声をかけますか。「なんだか、大人物になったように見えるなあ」とか、「ずいぶんリーダー然としてきたじゃないか」と、驚きの声を上げるのではないでしょうか。

相手がいかにもそう声をかけたくなるような人物に変化したのは、彼があなたの記憶にある昔ながらのコンフォートゾーンから、高いコンフォートゾーンへと、いつの間にかゾーンを変えているせいです。高いコンフォートゾーンの話し方やふるまいが、あなたに強く相手の成長を意識させるわけです。

およそ社会でひとかどの人物と評価されるような年配の人は、自らの成長プロセスの中で高いコンフォートゾーンを獲得しています。

たいていの人は無意識のうちにそれを行っています。意識的にやったという人でも、コンフォートゾーンやアファメーションの理論を学んだことはないと思います。

彼らに共通するのは、将来こうなりたいという自分の姿を強くイメージし、つねに「私にはできる」と自らを肯定しつづけてきた点です。それが**高いエフィカシー**と**強い臨場感**につながり、**コンフォートゾーンを上げる作用**をもたらし、**目的的志向を働かせた**ということでしょう。

すっぱいレモンのリアルなイメージ

さて、アファメーションで用いるのは、必ずしも言葉だけではありません。

ルー・タイスは、こう述べました。

「大切なのは、ワーズ（言葉）、ピクチャー（イメージ）、エモーション（情動）」

つまり、アファメーションとは、言葉、イメージ、情動を使って、エフィカシーを高め、臨場感を強める技術です。ここでも、情動をうまく使うことがとても大切です。

ルー・タイスが講演会でよく披露したのは、レモンの話です。

聴衆に目を閉じてリラックスしてもらい、ルーはおもむろに次のように話し始めます。そして、キッチンに新鮮なレモンをひとつ取りに行くところを想像してもらいます。

「冷蔵庫に向かって歩き、ドアを開いて果物ケースを引き出します。その中の、固く黄色いレモンを手に取ります。そして、冷蔵庫のドアを閉め、キッチンの引き出しから果物ナイフを取り出し、みずみずしいレモンを半分に切ります。片方を手に取りゆっくりと口に運び、じっさいに味わってみます。さあ、大きくひとかじりしましょう」

あなたもルーの言葉どおりにして、レモンをかじってください。

「すっぱい！」という、きわめてリアルな感覚があなたに訪れるはずです。

このリアルな感覚は、あなたの中にある記憶です。

それは、山登りの途中の山小屋でもらった、青々とした夏のレモンの記憶かもしれないし、ひどい風邪で伏せっているときに、母親が絞って飲ませてくれたレモンの記憶かもしれません。いずれにしても、「すっぱい！」という感覚には、すがすがしい気持ちや自分の体にエネルギーが満ちる喜びなど、記憶に刻み込まれた何らかの情動をともなっているはずです。

アファメーションの言葉を自分に語りかけるときも、ゴールのイメージをリアルに思い描き、同時に、心からすがすがしく感じたときの気持ちや、楽しくてわくわくしたときの喜びといったポジティブな情動を、記憶の中から引っ張り出して味わうようにします。

言葉とイメージにポジティブな情動が結びつくことで、高いエフィカシーを保つことも、臨場感をより強化することも容易になります。

オリンピック出場を目指していたマイケル・フェルプス選手が毎晩、眠りにつく前にベッドで行っていた出場イメージのビジュアル化も、まさにこの方法だったと考えることができます。彼は、オリンピックに出場できると確信し、それを言葉にして、決勝戦で泳ぐ自分の姿をイメージし、そこでどんなに素晴らしい情動を味わうかをリハーサルしていたはずです。

つまり、言葉、イメージ、情動の３つを使ってエフィカシーを高め、ゴールの世界のコンフォートゾーンがいかに自分にふさわしいものであるかを、自らに刷り込んだのです。

この刷り込みのプロセスは、次の公式によって表すことができます。

I（想像力 Imagination）×V（臨場感 Vividness）＝R（現実 Real）

この公式が意味するところは、ゴールを達成した将来の自分の姿を想像し、そのイメージに強い臨場感を与えていくことによって刷り込みが行われ、ゴールが現実のものになる、というものです。

I(想像力) × V(臨場感) = R(現実)

アファメーションのつくり方

最後に、アファメーションのつくり方をまとめておきましょう。

アファメーションには、11のルールがあります。ひとつひとつは簡単なルールですが、これらを守って的確で効果的なアファメーションにしていくことがとても重要です。

①個人的なものであること

アファメーションは、一人称で書きます。つまり、アファメーションの主語は、個人の場合は「私」、チームや組織の場合は「私たち」「われわれ」です。

内容は、あなたが本心からそう願ったり、考えたりする、個人的なものにします。社会的な通念にとらわれたり、他人の評価を意識したりして内容を決めてはいけません。あくまで自分の価値観で内容をつくりましょう。

②肯定的な表現のみを使い、肯定する対象のみを盛り込む

アファメーションの中には、「こうなりたくない」「欲しくない」という表現を使ってはいけません。また、なりたくなかったり、欲しくなかったりする対象も、いっさい盛り込みません。

理由は、**否定的な言葉や否定する対象を口にしたとたんに、その人のエフィカシーが格段に下がってしまう**からです。

このことは、あなたが他人の悪口をいっているときにどんな精神状態になっているか、ちょっと自己観察するだけで理解できると思います。

たとえば、心身ともに充実して仕事に取り組んでいたのに、急に嫌いな同僚が近くにやってきたため、あなたは思わず「こいつ、態度でかいんだよ」とセルフトークをしたとします。すると、その瞬間に仕事の充実感や満足感が失せてしまうと思います。

これは、相手の悪口をいったことによって、相手と同じ低いエフィカシーに自分を下げるカラクリが働いたからです。嫌いな相手のことを考えたり、悪口をいったりするときのあなたは、相手と同じレベルに立ち、同じ目線で物事を眺めているはずです。そのせいで、高いエフィカシーに満ちた状態にいても、相手と同じ低いエフィカシーのレベルに下がってしまうのです。

セルフトークをコントロールすることはもちろん大切ですが、アファメーションでは、このカラクリをとくに注意して排除しなければいけません。

アファメーションでは、「こうなりたい」「欲しい」という表現と、その対象についてのみを記してください。

③「達成している」という内容にする

アファメーションは、現在のあなたがすでに人生のゴールを達成している、という考えのもとにつくっていきます。

なぜかといえば、アファメーションは、あなたのゴールのコンフォートゾーンを上げるための技術だからです。たとえば、「私は○○をきっとやり遂げる」という内容では、あなたのいまのコンフォートゾーンが、ゴールのコンフォートゾーンよりも低いということを前提にしています。これでは、ゴールのコンフォートゾーンをリアルに感じることはできるはずがありません。

したがって、アファメーションは、「私は○○を持っている」「私は○○をしている」「私は○○だ」といった言い回しを使い、すでにゴールを達成しているという内容にします。

④現在進行形で書く

同じ理由から、アファメーションの文言はすべて、「いままさに○○している」「いま起こっている」などのように現在進行形で記していきます。

⑤決して比較をしない

他人と比較して「こうだ」という内容にしてはいけません。他人との比較によって成り立つゴールの世界は、本当のゴールではありません。比較優位で成り立つものや相対化されたものではなく、あなたの本心から生まれた絶対的なゴールの内容を記しましょう。

⑥「動」を表す言葉を使う

アファメーションでは、ゴールの世界における自分自身の行動やふるまい方を表すような言葉づかいの工夫をしてください。たとえば、「私は、どんなに社会的地位の高い人に対しても、にこやかに親しみのある笑顔を向け、落ち着いた身ぶり手ぶりを交えて交渉することができる」といった感じです。

動を表す言葉を使うことで、ゴールを達成した自分の姿をより鮮明にイメージすることができます。

⑦情動を表す言葉を使う

ゴールを達成したときに、あなたがいかに感動するか。その感動をあなたに正確にイメージさせる言葉を使って、ゴールの世界のあなたの姿をアファメーションの中に表していきます。

そして、あなたが選んだ情動を表す言葉に対して、かつて体験した「うれしい」「楽しい」「ほがらかだ」「気持ちいい」などの最高の情動を結びつけておきましょう。

情動を結びつけておけば、ゴールの世界の臨場感はいっそう増し、よりリアルになっていきます。

いささか難しい表現を使えば、これは、いわば**未来の記憶をつくる作業**です。鮮明な未来の記憶をもつことができれば、あなたは将来必ず、その記憶にたどりつくことができるのです。

⑧記述の精度を高める

アファメーションは、一度つくれば終わりというものではありません。毎日、自分にそれを語りかけながら、気づいたことがあればその都度、修正を加え、精度を高めていきます。

アファメーションの中に余計な言葉や曖昧性があれば、それも改めていきます。

言葉を選び、アファメーションの内容を磨いていく作業は、あなたのイメージをゴールにぴたりと一致させ、ゆるぎないものにするためにも、とてもいい方法です。

⑨バランスをとる

人生のゴールは、仕事に限定されるものではありません。キャリア、家庭、姻戚関係、ライフワーク、財産、住環境、地域活動、精神性、健康、余暇など、生きがいを見つけられるあらゆる分野にゴールを見出すことができます。

仕事で大成功すれば健康を投げ打ってもいいという人はいません。私たちが望む幸福というのは、必ずバランスがとれた人生の中にあるはずです。

これから思い描く人生のゴールには、あなたが欲しい様々な分野のゴールをバランスよく組み合わせましょう。

そして、それらをよく調和させ、一つひとつのアファメーションが互いに矛盾しないようにしていきます。

⑩リアルなものにする

アファメーションの文章は、その文言からゴールを達成した自分自身の姿が浮きだしてくるくらい、リアルな記述にしていきます。

⑪秘密にする

アファメーションは、それがルー・タイスや私の指導を受けた正式のコーチである場合を除いて、誰にも内容を明かしたり、見せたりしてはいけません。それをきっかけに、あなたの邪魔をするドリームキラーが必ず現れるからです。

また、アファメーションを他人と共有したからといって、あなたの手助けができる人もいません。あなたのゴールは、自分の力でしか達成することができないのです。それが少しはできるのは、正式なコーチだけです。

アファメーションは、何よりもあなたの個人的なツールです。あなたのゴールも、あなたのアファメーションも、他人の評価から遠ざけ、懐に大切にしまっておいてください。

さあ、いまからアファメーションを実行しよう！

以上に記した11のルールを守って、さっそくあなたもアファメーションをひとつ、つくってみましょう。そして、それを毎日、自分に語りかけてください。

自分に語りかけるタイミングと時刻にルールはありませんが、一番いいのは夜の就寝前のひと時です。

就寝前は気持ちもリラックスしているし、そのまま睡眠に移行していけば、アファメーションがより記憶に定着しやすくなります。試験勉強などで経験したことがあると思いますが、寝る直前に覚えたものは脳が記憶によくとどめるからです。

いくつものアファメーションの言葉が出来上がり、就寝前のアファメーションが毎日の習慣になるころには、あなたのエフィカシーはいまよりも相当に上がっているはずです。同時に、自己イメージも変わり、本当に達成したい人生のゴールについても徐々に輪郭がはっきりし始め、ゴールの世界の高いコンフォートゾーンも想像できるようになっていると思います。

そうしたあなたの変化に合わせて、就寝前のアファメーションも、イメージと情動をうまく使い、少しずつ高度にしていきましょう。

たとえば、アファメーションの言葉を自らに語りかけ、同時にゴールを達成した自分のイメージを思い浮かべます。さらに、いままでの人生で味わうことのできた最高の情動（たとえば、最高に愛された幸福感など）を、そこに結びつけるようにします。

やったことのない人は難しいと感じるかもしれませんが、過去の情動の記憶を、いま思い浮かべる未来のイメージに結びつけるのは、慣れれば簡単なことです。

まず情動の記憶を過去のシーンごと思い出し、そのままの状態で、シーンだけを未来のイメージに変えてしまいます。シーンが変わると、せっかく想起した情動が薄れていくかもしれませんが、そのうちに薄れなくなっていきます。慣れてくると、過去のシーンを思い出さなくても、情動だけを簡単に引っ張り出せるようになるはずです。

これが、**I×V＝Rの公式の実践法**です。

アファメーションによって、ゴールの世界のコンフォートゾーンの臨場感を強め、高いエフィカシーを獲得すれば、もはやあなたは現状のあなたではなくなります。

人生のゴール達成に向かって、目的的志向が働くあなたに変化しているということです。

あとがきに代えて

イメージが未来をつくる

マーク・シューベルト

マイケル・フェルプスと私

私は、数年前に行われた日本のTPIEセミナーの座談会で、ルー・タイス氏と苫米地英人氏、そしてサッカー日本代表前監督の岡田武史氏の3人とご一緒したことがあります。ルー、英人とは親しい間柄でしたが、岡田監督とは初対面でした。

まだ記憶に新しいことだと思いますが、岡田監督は、2010年のワールドカップ南アフリカ大会でサッカー日本代表をベスト16に導きました。

このときの勝利は日本サッカー界にとって、とても大きな転機だったようです。それ以来、日本のサッカー選手がイギリス、ドイツ、イタリアの強豪チームに移籍するようになり、ヨーロッパのひのき舞台で当地の選手たちとまったく互角に活躍し始めました。

それ以前にもヨーロッパのチームに移籍した日本人選手はたくさんいましたが、それまではどことなくお客さん扱いだったような印象がありました。ところが、岡田ジャパンが日本サッカーの素晴らしさを世界に見せつけて以降は、日本人選手を世界の一流選手と同等に処遇し、ファンもそのような眼差しで彼らのプレーを眺めるようになったのではないでしょうか。

さて、その2年前の2008年、水泳のアメリカ代表、マイケル・フェルプス選手が北京オリンピックで8冠王に輝きました。

私は、フェルプス選手がオリンピック出場を決める以前から、彼のコーチを務めていました。

異なる競技、異なる立場ですが、私は岡田監督のことを、世界スポーツの新しい風を感じることのできた、数少ない同時代人だと考えていました。面談の機会を楽しみにしていたことはもちろん、座談会の会場で初対面の挨拶をしたとたんに、私たちはまるで久しぶりに会った旧友のように打ち解けることができました。

いうまでもなく、勝負の世界では、見えない力が作用します。

私はフェルプス選手を8冠王に導いたコーチと紹介されることがありますが、それはいささか大げさな感じがします。私は、彼の水泳センスを磨いたわけでも、彼の筋肉や肺活量を鍛えたわけでもありません。それはすべて、マイケルが自らの力で行ったことです。水泳の助言や指導を行っていないとはいいませんが、私が一番に力を入れたこととといえば、見えない力を彼に上手に使うよう指導した点でしょう。

それが何かといえば、**アファメーション**です。

フェルプス勝利のカギはコンフォートゾーンの支配にあった

じつは、マイケルはオリンピック選手に選ばれる以前から、毎晩、就寝前のベッドの上でアファメーションを行いました。彼の場合は、ベッドにまっすぐに仰向けになり、天井の壁にビジュアルなイメージを思い浮かべるようにさせました。

オリンピック決勝会場に入場し、控えのチェアに座り、選手紹介のアナウンスに応えて観客に手を振り、軽く体をほぐしながらスタート台に立ち、「レディ」の声とともにスタート姿勢をとり、合図と同時に飛び込む。飛び込んだときのプールの感触、水をつかんで前進するリズム、先頭を競うライバルたちの気配。彼は、そこに感じるものすべてを、とても素晴らしいもの、自分にとってこの上なく愛しいものだとイメージしていたのではないかと思います。

そして、これらこの上なく大切なものに包まれて、ゴールに一番でタッチする姿を、彼はイメージしていました。そのとき、彼が至福の思いを味わっていたことはいうまでもないでしょう。

それから1年ほどで、15歳だったフェルプス選手は、シドニーオリンピックの全米代表に選ばれました。その大会では、２００メートルバタフライで5位入賞を果たしました。

その後も、彼は、ベッドで大会出場イメージを思い描く日課を欠かしたことがありません。イメージとアファメーションによって、毎晩、ゴールのコンフォートゾーンを非常にリアルに感じつづけました。そして、そのとおりにオリンピックや国際大会出場を果たし、栄冠を手にしていったのです。

ふり返るに、彼のライバルたちの中には、フェルプス選手と同等の才能と力量の持ち主がいたかもしれません。彼だけに特別な能力があったと考えるのは、むしろ間違った考え方です。能力で劣っているわけではないほかの選手は、しかし、フェルプス選手に勝てなかったのです。

何が勝敗をわけたのかといえば、オリンピックの大舞台で練習のときよりも高い能力を発揮した、**フェルプス選手の高いコンフォートゾーン**だと私は思います。

サッカーの試合では、「アウェーの試合だから、たとえ引き分けでも、勝ったも同然だ」とよくいわれます。

一般的には、審判や観客がホームのチームを贔屓するから、アウェーでは簡単に勝てないと解釈されています。もちろん、こうした表面的な要因もありますが、**ホームとアウェーで勝敗に差が出るのは、主としてコンフォートゾーンに原因がある**ということができます。

たとえば、たいていの選手は、いつも練習している場所をコンフォートゾーンだと感じています。アメリカの水泳選手なら、泳ぎ慣れた地元水泳クラブのプールを一番快適に感じ、そこで練習するときに最も高い能力を発揮します。日本のサッカー選手なら、自分が所属するチームのサッカー場をコンフォートゾーンと感じ、それ以外の試合会場はコンフォートゾーンから外れています。同じ国内ならまだしも、海外での試合となると、コンフォートゾーンから大きく外れてしまうのはいうまでもありません。

そのため、選手は自分がコンフォートゾーンの外にいると感じ、いつもやっていることがうまくできなくなってしまいます。職場のデスク周辺にいるときは、いつもどおりうまく仕事ができるのに、初めて役員会議に呼ばれて報告することになると、歩き方までぎこちなくなるのと同じことです。雰囲気にのまれるという言葉がありますが、これは、持てる能力を存分に発揮するにはコンフォートゾーンの内側にいることがいかに重要かをよく表しています。

とすれば、本番で練習と同じ好成績を残すには、本戦の会場の場を自らのコンフォートゾーンにするしかありません。

「でも、どうやって？」と、みなさんは感じるでしょう。その答えが、フェルプス選手がベッドの上で毎晩行った**イメージのビジュアル化**であり、**アファメーション**です。

岡田監督の見事なアファメーション

私は、岡田監督がワールドカップ南ア大会を戦うに当たり、自らと選手の高いコンフォートゾーンをどのように維持したのか、その点に強い関心を持っていました。

その理由は、当時の日本のマスコミが執拗に岡田監督バッシングを行っていたからです。

岡田監督は当時、「ベスト4に入る」と公言してはばかりませんでした。これは、当時の日本代表にとって非常に高い目標で、日本のマスコミは、岡田監督が広げた大風呂敷と受け止めたのかもしれません。聞くところによれば、一部の有力なサッカー評論家が「どこまでが本気なのか」と急に岡田監督バッシングを始めたようです。

ただでさえアウェーというハンディキャップがあるのに、ほんらい味方であるはずの日本のマスコミまでが背後から攻撃を加え、岡田監督は挟み撃ちにあっていました。いうまでもなく、サッカーは集団競技です。選手を束ねる監督の動揺はたちまち選手の心に広がり、それが悪い結果につながることは目に見えています。

ところが、本大会のフタを開けてみると、日本代表チームは、それまでの不調を跳ね返すように得点を重ねていきます。しかも、ホームでしか見ることのできないようなファインプレーがいくつも生まれていきました。私が受けた印象では、監督と選手のコンフォートゾーンは、あきらかにアウェーである南アフリカの競技場にあったのです。

「あまり余計なことは考えませんでしたし、ベスト4に入るためにどうするかということだけを考えていましたね」

岡田監督は、セミナーの座談会でこう述べました。

どうということはない発言に聞こえるかもしれませんが、私は「面白い」と感じました。

考えるとは、勝つことをリアルにイメージすることにほかなりません。スポーツの現場にいる人でなければピンとこないかもしれませんが、私たちが勝つことを考えるときというのは、状況に応じてどのような動きをするか、具体的に細かくリアルに思い浮かべることなのです。

岡田監督は、自分の考えや作戦を選手たちにも細かく話していました。

選手たちも、岡田監督が話す内容を具体的に細かくリアルにイメージしたことでしょう。そうやって彼らは、南アの競技場でくりひろげる自分たちの素晴らしいプレーを、ベスト4にふさわしいプレーを、何度もくり返し味わったに違いありません。

目標に合った高いコンフォートゾーンを持つ、勝負の流れというのは、たったこれだけのことで変わってしまいます。

考え方が変われば、見えている現実が変わり、異なる結果が生まれるのです。岡田監督や選手たちは、ルー・タイスの方法論を知っていたわけでもないのに、まさにルーが発見した公式どおりのことをワールドカップで実践したといえそうです。

勝者は「失敗したらどうしよう」とは絶対に考えない

勝者は、つねに勝つことだけを考えているものです。「負けたらどうしよう」ということは考えません。

ルー・タイスがよく紹介する話ですが、フットボールの一流選手は、試合でいつも「俺のところにボールを寄こせ」と強く考えています。

ボールキャッチに失敗すれば、レギュラーを降ろされるかもしれないし、年俸を削られるかもしれません。じっさい、試合中に「俺にボールを寄こすなよ」と思っている選手はかなり多いともいわれています。

それでも一流選手は、失敗することなど微塵も考えずに、「俺に寄こせ」とだけ考えます。なぜなら、それが本当に望んでいることだからです。だからこそ、彼らはキャッチに成功し、観客に超ファインプレーを見せつけることができます。彼らが望むのは唯一、勝つ自分、成功する自分であり、その目的を果たすためにプレーしているのです。

大きな仕事を成し遂げるときにも、人生のゴールを達成するときにも、同じことがいえます。

バッシングを受けていた岡田監督がそうであったように、本当に望むものを手に入れようとするときに、「失敗したらどうしよう」と考える人はいません。

もし、そういう考えが浮かぶなら、手に入れようとするものが本当に望むものではないか、「次のチャンスが回ってこないかもしれない」と思うからでしょう。

前者の場合は、ゴールの設定を考え直すいい機会だと思います。ゴールの設定が間違っていれば、いくらアファメーションを行っても、ゴールのコンフォートゾーンに強いリアリティを感じることはできません。自分が本当に望むゴールだからこそ、高いコンフォートゾーンに強いリアリティを持ちつづけられるのです。

また、後者の場合は、「失敗は存在しない」ということを深く理解してほしいと思います。

たとえば、成果を上げられなかったら次のチャンスはないという仕事に取り組んで、運悪く成果を上げることができなかったとします。そのときに、私なら「いい経験をした」としか感じないでしょう。

たしかに次のチャンスはないかもしれませんが、だからといって、人生のゴールを達成できなくなるわけではありません。恐れることは何もないのです。むしろ、成果を上げられなかった体験が次の成功に結びつき、そのうち誰よりも大きな成果を上げることにつながるはずです。

「失敗したらどうしよう」というのは、「失敗してはいけない」という親の教育が生んだ刷り込みです。人生のゴール達成のためには、そのブリーフシステムを変える必要があるということは、わが師ルー・タイスと親愛なる苫米地英人氏が述べているとおりです。

私は、これから再び、地球に日本の時代がやってくると考えています。いまは過酷な社会状況がつづいているかもしれませんが、岡田監督とサッカー日本代表の活躍が、輝かしい未来を暗示しているという思いが、私にはあります。

世界で活躍しようとする日本のみなさんには、本書をつうじて、とくによくアファメーションの原理を学んでいただきたいと思います。ゴールのコンフォートゾーンに対する、リアリティのある強いイメージこそが、みなさんをきっと羽ばたかせてくれるはずです。未来は、イメージによって拓かれるのです。

〈著者プロフィール〉

苫米地英人（とまべち・ひでと）

1959年、東京生まれ。認知科学者（機能脳科学、計算言語学、認知心理学、分析哲学）。計算機科学者（計算機科学、離散数理、人工知能）。カーネギーメロン大学博士（Ph.D.）、同CyLab兼任フェロー、株式会社ドクター苫米地ワークス代表、コグニティブリサーチラボ株式会社CEO、角川春樹事務所顧問、米国公益法人The Better World Foundation日本代表、米国教育機関TPIジャパン日本代表、天台宗ハワイ別院国際部長、一般財団法人苫米地国際食糧支援機構代表理事。
マサチューセッツ大学を経て上智大学外国語学部英語学科卒業後、三菱地所へ入社。2年間の勤務を経て、フルブライト留学生としてイエール大学大学院に留学、人工知能の父と呼ばれるロジャー・シャンクに学ぶ。同認知科学研究所、同人工知能研究所を経て、コンピューター科学の分野で世界最高峰と呼ばれるカーネギーメロン大学大学院哲学科計算言語学研究科に転入。全米で4人目、日本人として初の計算言語学の博士号を取得。
帰国後、徳島大学助教授、ジャストシステム基礎研究所所長、同ピッツバーグ研究所取締役、ジャストシステム基礎研究所・ハーバード大学医学部マサチューセッツ総合病院NMRセンター合同プロジェクト日本側代表研究者として、日本初の脳機能研究プロジェクトを立ち上げる。通商産業省情報処理振興審議会専門委員などを歴任。
現在は自己啓発の世界的権威ルー・タイス氏の顧問メンバーとして、米国認知科学の研究成果を盛り込んだ能力開発プログラム「PX2」「TPIE」などを日本向けにアレンジ。日本における総責任者として普及に努めている。
著書に『TPPが民主主義を破壊する！』（サイゾー）、『君も年収1億円プレーヤーになれる』（宝島社）、『税金洗脳が解ければ、あなたは必ず成功する』（サイゾー）など多数。
苫米地英人　公式サイト　http://www.hidetotomabechi.com/
ドクター苫米地ブログ　http://www.tomabechi.jp/
Twitter http://twitter.com/drtomabechi（@DrTombechi）
PX2については　http://www.bwfjapan.or.jp/
TPIEについては　http://tpii.jp/
携帯公式サイト　http://dr-tomabechi.jp/

〈監修者プロフィール〉

マーク・シューベルト　Mark Schubert

米国水泳オリンピックチームのコーチを歴任し、多くのメダリストを輩出する世界トップクラスのコーチ。ロンドンオリンピックで史上初の3連覇を達成し、北京オリンピックで前人未到の8冠（金メダル8個獲得）を達成したマイケル・フェルプスの育ての親として知られる。1970年代からルー・タイスにコーチングのスキルを学ぶ。米国水泳オリンピックコーチを1980年から2004年まで歴任（1980年は米国は不参加）。2009年6月から2010年11月まで米国水泳ナショナルチームのヘッドコーチを務める。1997年、名誉コーチとして国際水泳殿堂入り。オーストリアの作曲家シューベルトの末裔。

編集協力　岡本聖司
装丁　重原隆
イラスト　ミヤケシゲル
本文デザイン　二神さやか
ＤＴＰ　キャップス
校正　鷗来堂

「言葉」があなたの人生を決める

2013年8月23日　初版発行
2025年4月9日　10刷発行

著　者　苫米地英人
監修者　マーク・シューベルト

発行者　太田　宏
発行所　フォレスト出版株式会社
〒162-0824 東京都新宿区揚場町2-18　白宝ビル7F
電話　03-5229-5750（営業）
03-5229-5757（編集）
URL　http://www.forestpub.co.jp

印刷・製本　日経印刷株式会社

ISBN978-4-89451-579-6　Printed in Japan

無料提供

『「言葉」があなたの人生を決める』

読者限定無料プレゼント

本書では伝えきれなかった
ボーナストラック！

【特別音声ファイル】

苫米地式
ノンバーバル・アファメーション術

※音声ファイルはホームページからダウンロードしていただくものであり、
小冊子や CD・DVD をお送りするものではありません。

いますぐアクセス⬇　⬇半角入力

http://www.forestpub.co.jp/kotoba/

【無料音声の入手方法】　フォレスト出版　検索

☆ヤフー、グーグルなどの検索エンジンで「フォレスト出版」と検索
☆フォレスト出版のホームページを開き、URL の後ろに「kotoba」と半角で入力